자연을 담은 색,
색이 만든 세상

**자연을 담은 색,
색이 만든 세상**

초판 1쇄 발행 2019년 6월 10일
초판 2쇄 발행 2020년 7월 31일

글 송지혜
그림 박진주 · 신종우 · 안지혜 · 이혁 · 호기심고양이
감수 CMS영재교육연구소

발행인 이충국
편집인 이은주
편집 이은희 · 이효진 · 임소현 · 진영수
마케팅 진영수
디자인 su:

사진 공연기획사 더플레이, 국립중앙박물관, 대한적십자, 도로교통공단, 셔터스톡, 위키미디어, 한국방송광고진흥공사 등

ISBN 979-11-88779-07-9 74400
　　　979-11-955561-1-3 (세트)

펴낸곳 생각하는아이지
출판등록 2015년 3월 11일 제 2015-000038호
주소 06554 서울시 서초구 동작대로 216 5층
전화 02-519-9102
팩스 0507-478-1291
전자우편 thinkingig@cmsedu.co.kr

ⓒ 송지혜 2019

＊생각하는아이지는 ㈜CMS에듀의 출판 브랜드입니다.
＊이 책은 저작권법에 따라 보호받는 저작물이므로 무단 전재와 무단 복제를 금지하며,
　이 책 내용의 전부 또는 일부를 이용하려면 저작권자와 생각하는아이지의 서면 동의를 받아야 합니다.
＊잘못된 책은 바꾸어 드립니다.

이 도서의 국립중앙도서관 출판시도서목록(CIP)은 서지정보유통지원시스템 홈페이지 (http://seoji.nl.go.kr)와
국가자료공동목록시스템(http://www.nl.go.kr/kolisnet)에서 이용하실 수 있습니다. (CIP제어번호 : CIP2019022283)

어린이제품안전특별법에 의한 제품표시	
제조자명 생각하는아이지　제조국명 대한민국 사용연령 10세 이상 어린이제품	전화번호 02-519-9102 주소 서울시 서초구 동작대로 216 5층

자연을 담은 색, 색이 만든 세상

송지혜 글 | 박진주·신종우·안지혜·이혁·호기심고양이 그림 | CMS영재교육연구소 감수

생각하는아이지

 이 책을 읽기 전에

"세상을 연결하는 지식은
나로부터 시작합니다!"

"이런 걸 도대체 왜 배워야 할까?"
"이 내용이 나랑 무슨 상관이 있어?"

문제집을 풀거나 숙제를 할 때, 혹은 읽히지 않는 책을 읽어야만 할 때, 누구나 한번쯤 이런 푸념을 해 보았을 거예요. 비단 공부뿐만 아니라, 필요성을 모르고 재미를 못 느낀다면 그 일이 무엇이 되었든지 괴롭고 힘들겠죠. 그렇다면 필요성과 재미는 어디에서 어떻게 찾아야 할까요? '세상을 연결하는 지식' 시리즈가 그 방법을 궁리해 보았습니다.

'세상을 연결하는 지식' 시리즈는 우리가 배우는 지식이 '나'와 어떻게 연결되는지 찾으려 합니다.

무엇이든 '나'와 상관있으면 관심도 생기고 자연스레 더 알고 싶은 마음도 생기니까요. '쓸데없다'고 생각했던 지식도 나와 연결되는 순간, '쓸모 있는' 지식이 될 거예요. 알고 보면 여러분은 정말 많은 지식을 머릿속에 담고 있을 거예요. 단지 그것들이 흩어져 있어서 힘을 발휘하지 못하는 거죠. '세상을 연결하는 지식' 시리즈를 통해 그 연결 고리들을 차근차근 찾아보지 않을래요?

'세상을 연결하는 지식' 시리즈는 교과서 안에 갇힌 지식을 호기심과 만나게 합니다.

나를 둘러싼 익숙한 현상과 환경, 아무런 의미 없어 보였던 지식도 호기심을 만나면 특별한 것으로 바뀐답니다. '세상을 연결하는 지식' 시리즈에는 '왜 그렇지?', '어떻게 되는 거지?', '반대로 생각해 보면 어떨까?', '이렇게 보면 무엇이 보일까?' 등 호기심을 빛나게 하는 질문이 가득합니다. 이러한 질문을 통해 여러분 속에 잠자고 있던 호기심이 깨어난다면 세상을 좀 더 재미있게 볼 수 있지 않을까요?

'세상을 연결하는 지식' 시리즈는 틀을 깨려고 합니다.

하나의 주제를 과목과 과목, 분야와 분야를 넘나들면서 연결해 보고, 상상해 보고, 확장하면서 자유롭게 생각하는 것은 누구나 즐겁게 할 수 있습니다. '한번 해볼까?' 하는 마음만 있다면요. 이때 하나의 방식이나 틀을 고집하지 말고 다양하게 접근해 보세요. 딱딱한 지식도 동화로도 풀어 보고, 실험을 하거나 만들어 보기도 하고, 사진 감상도 하고, 만화로 상상해 보면서 요리조리 가지고 놀다 보면 생각하는 힘과 함께 창의력도 쑥쑥 자라겠죠?

'세상을 연결하는 지식' 시리즈를 만난 여러분들이 나와 지식을 연결하고, 더 나아가 나와 세상을 보다 넓고 깊게 연결하는 기쁨을 발견하길 바랍니다.

머리말

"알고 보면 달라 보이는 색!
　　알고 읽으면 놀라운 색 세상"

　여러분은 무슨 색을 가장 좋아하나요? 좋아하는 그 색을 아침에 일어나 밤에 잠들기 전까지 어디에서 얼마만큼 마주쳤는지 한번 헤아려 볼래요?

　난 '빨강'을 좋아해요. 물을 마실 때 정수기에서, 손을 씻을 때 수도꼭지에서 뜨거운 물이라는 걸 알리는 '빨강'을 여러 번 만났죠. 간식으로 먹은 햄버거와 피자 가게의 간판과 포장 용기에서도 '빨강'을 봤고, 걸으면서 지나친 우체통이나 소화전 혹은 소방차 역시 빨간색이었네요. 아! 횡단보도 앞에서 멈춰 서서 빨간색 신호등이 초록색으로 빨리 바뀌길 기다리기도 했군요. 공원의 푸릇푸릇한 나무 중에는 가을이 되면 빨갛게 단풍들 나무도 있겠죠?

　그런데 잠깐! 왜 이 모든 것이 하필 그 많은 색 가운데 빨간색인 걸까요? 우린 왜 신호등의 색에 따라 길을 건너기도 하고 멈춰 서기도 할까요? 나무는 왜 계절에 따라 잎의 색이 바뀌는 걸까요?

《자연을 담은 색, 색이 만든 세상》은 이렇게 우리를 둘러싼 '색'에 대한 질문에 답하면서 태어났어요.

우선 "도대체 색의 정체는 뭘까?" 하는 질문으로 시작해요. 우리 눈에 색이 어떻게 보이는지, 색과 떼어놓을 수 없는 빛을 이해하며 색의 속성과 특징을 알아갈 때 즈음, 또 다른 질문이 떠오르지요.

"색은 어떻게 말보다 강력한 힘을 지니게 되었을까?" 곰곰 생각해 보면 우리는 꽤 많은 순간에 말보다 색을 이용해요. 그런데 놀라운 건 지금처럼 누구나 어디에서든 원하는 색을 손쉽게 사용할 수 있게 된 건 오래된 일이 아니에요. 황제가 아닌 사람이 노란색 옷을 입으면 극형에 처하고 가족까지 멸한 시절도 있었죠. 이런 세상을 과학과 기술이 어떻게 바꿔 놓았는지 알아보는 시간은 분명 흥미로울 거예요.

그렇다면 마음껏 색을 만들어 내고 표현할 수 있게 된 지금, "우리는 색의 영향을 얼마나 받고 있을까?" 색에 따라 감정, 감각, 판단 등이 달라지는 걸 알면 정말 놀랄걸요? 이외에도 식물과 동물 세계의 색, 불꽃놀이처럼 어둠 속에서 빛나는 색의 비밀 등 질문은 계속 이어지죠.

어때요? 여러분도 '색'에 대한 호기심이 생기나요? 또 다른 궁금증도 생겼다고요? 그럼 이제 《자연을 담은 색, 색이 만든 세상》 속으로 들어가 궁금증을 풀어 볼까요?

송지혜

 차례

이 책을 읽기 전에 4

머리말 6

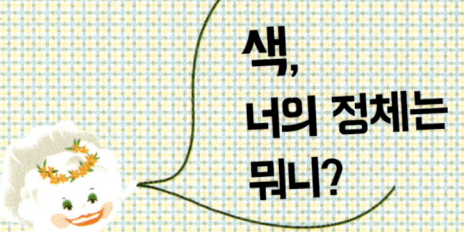
색, 너의 정체는 뭐니?

빛이 들어오는 문, 눈··
어떻게 색을 볼 수 있는 걸까? 14
눈에서 무슨 일이 일어날까?
빛에 반응하는 막대세포, 색 정보를 처리하는 원뿔세포
동물은 어떻게 세상을 볼까?

빛을 탐구한 과학자··
빛을 모르면 색을 알 수 없어! 20
빛은 흰색? 무지개 색?
빛의 세계
빛의 산란으로 하늘이 파랗게 보여
빛과 빛이 만나면 서로 간섭해요

빛을 그린 화가··
시시각각 변하는 색을 화폭에 담자 30
모네가 말하길 '빛이 곧 색채'
피사로, 몽마르트 대로의 풍경 변화를 담다
르누아르, 뭉개지는 윤곽선으로 빛을 표현하다
쇠라, 점묘법으로 색의 혼합을 일으키다
고흐, 인상주의에 자신의 감정을 더하다

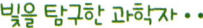

빛과 색을 표현하는 기술··
색은 어떻게 만들어질까? 36
디지털 화면, 빛의 삼원색이 일으키는 마법
색의 삼원색과 빛의 삼원색은 달라!
색의 세 가지 속성 : 색상, 명도, 채도
색상환에 숨은 비밀을 찾아보자

색, 말보다 강력해

약속을 말하다 ▪▪
빨강이 하는 말 46
눈에 가장 잘 띄어요
생활 속 '빨강' 찾기

문화를 말하다 ▪▪
색색깔깔 몬스터 학교 52
권력을 자랑한 노랑
신분을 나타낸 보라
직업을 대표한 파랑
순수의 상징, 하양 웨딩드레스
장례식 때 입는 검정
죽음도 이야기한 하양

도전! 빈칸 채우기
색깔 있는 말! 말! 말! 64

차이를 말하다 ▪▪
특명, 피부색을 찾아라! 68
피부색의 비밀, 멜라닌의 발견
지구인의 다양한 피부색
피부색으로 사람을 차별했다고?
한 방울의 법칙
'살색'이 사라지다

색, 세상을 다스리다

색, 태어나다
세상을 물들이는 발명품 82

계란 노른자를 섞어 그린 템페라
물감을 담은 돼지 방광
유리 시험관 물감
수채 물감의 변신
접을 수 있는 금속 튜브
풍성해진 풍경화
천연 염료는 너무 귀해
누구나 색을 입는 시대가 왔다
내 몸의 색도 바꿔 보자
염색은 화학 작용이다
나도 발명왕!

색, 맛을 지배하다
냠냠, 색을 먹어요! 92
컬러푸드를 알면 건강이 보인대요
알록달록 예쁜 식용색소, 먹고 바를 때 조심!
색으로 식욕을 통제할 수 있을까?

색, 직업을 창조하다
색을 다루는 전문가 100
컬러리스트 "색에도 감정이 있어요."
마케팅 전문가 "색으로 고객의 마음을 사로잡죠."
공간 디자이너 "공간에 색을 불어넣어요."

색, 자연에서 빛나다

옷 대신 색을 입는 동물

카멜레온의 이유 있는 '색' 이야기 112
내 피부색은? 총천연색!
보호색으로 감쪽같이 숨어 버렸어!
얼룩얼룩 무늬 때문에 헷갈려!
눈에 띄는 화려한 경계색도 무기야

색으로 말하는 식물

박사님! 초록색 은행잎이 왜 노랗게 물들죠? 122
여름에 붉게 물든 단풍, 이상한 건가요?
검은색 꽃도 있나요?
꽃잎 색도 변하나요?

어둠을 극복한 색

한계를 뛰어넘어 색을 보다 130
밤하늘에 피어오른 화려한 불꽃
형형색색 빛을 뽐내는 네온사인
보이지 않는 빛을 보이는 빛으로, 형광 물질
범죄의 흔적을 찾아라

또 궁금해요 138

교과서를 연결하는 지식 142

색,
너의 정체는
뭐니?

·· 빛이 들어오는 문, 눈 ··

어떻게 색을 볼 수 있는 걸까?

── 색이 사라진 세상을 상상해 본 적 있나요? 색을 잃은 세상은 마치 생명을 잃은 것처럼 보이지 않을까요? 색은 생명체는 물론이고, 생명이 없는 것조차 생기와 활기를 불어넣어 주니까요. 도대체 눈에서는 무슨 일이 일어나기에 우리가 색을 볼 수 있는 걸까요? 그 신비한 세계로 먼저 들어가 봅시다.

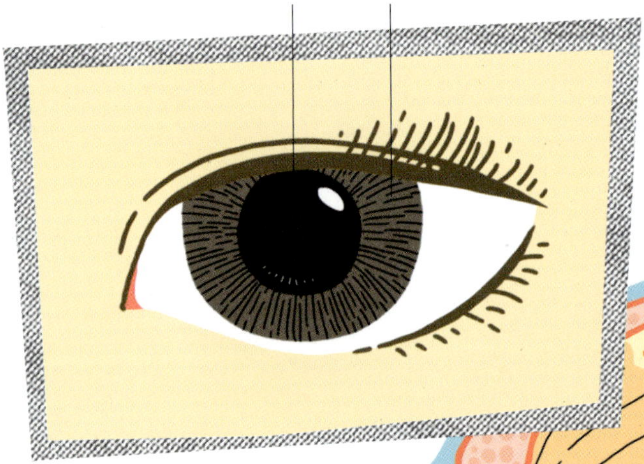

동공 홍채

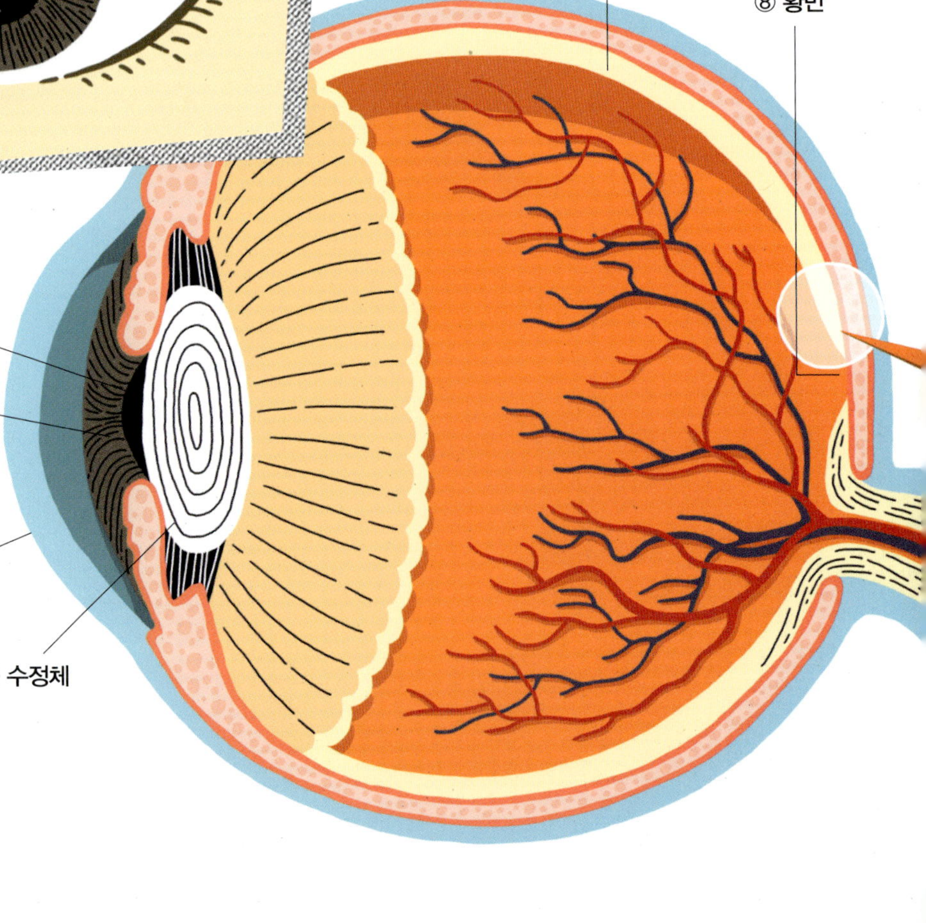

③ 망막
⑧ 황반
① 동공
④ 홍채
② 각막
⑤ 수정체

눈에서 무슨 일이 일어날까?

우선, 거울 앞으로 가 자신의 눈을 들여다보자. 눈알 한가운데 '눈동자'라고도 불리는 ① '동공'은 사물에 반사된 빛이 입장하는 첫 번째 문이라고 할 수 있다. 얇은 막 상태의 ② '각막'을 통과한 빛이 ③ '망막'에 도달하는 과정에서, 동공은 빛의 양을 조절하는 역할을 한다. 어두운 곳에서는 커져서 빛을 더 많이 감지할 수 있게 하고, 빛의 양이 많을 때는 크기를 줄이는 식이다. 간혹 감정에 따라 그 크기가 달라지기도 하는데, 깜짝 놀라거나 공포감이나 고통을 느낄 때는 동공이 커진다. 이러한 동공의 크기 조절은 동공 주변을 빙 둘러싸고 있는 도넛 모양의 ④ '홍채'가 담당한다.

동공을 통과한 빛은 양면이 볼록한 렌즈 모양의 ⑤ '수정체'를 통과하면서 모아진다. 수정체는 두께를 변화시켜 빛이 굴절되는 정도를 조절한다. 수정체 두께는 수정체 주위를 둘러싼 조직이 수축하거나 이완하면서 달라지는데, 가까이 있는 물체를 볼 때는 수정체를 두껍게 해 빛이 많이 굴절되게 하고, 반대로 멀리 있는 물체를 볼 때는 수정체를 얇게 해서 빛이 약하게 굴절되게 한다. 수정체가 빛의 굴절 정도를 알맞게 조절해야 망막에 상이 정확히 맺힐 수 있다. 수정체까지 통과한 빛 정보는 망막에 이르러 전기적 신호로 바뀌고, 시신경을 타고 뇌로 전달된다. 망막은 무려 10개의 층으로 구성되는데, 이 중 빛 정보를 감지하는 층은 ⑥ '원뿔세포'와 ⑦ '막대세포'로 이루어져 있다. 이 두 시각세포의 활약으로 비로소 우리는 사물의 형태와 색을 보게 된다.

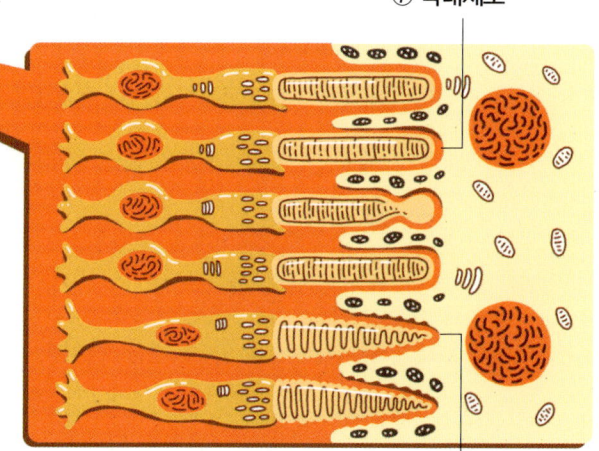

⑦ 막대세포

⑥ 원뿔세포

빛에 반응하는 막대세포, 색 정보를 처리하는 원뿔세포

막대세포와 원뿔세포는 하는 일이 조금 다르다. 망막에서 시각세포가 가장 많이 모여 있어서 빛을 가장 선명하고 정확하게 받아들이는 부분을 ⑧'황반'이라고 한다. '간상세포'로도 불리는 막대세포는 이 황반의 주변에 약 1억 3천만 개가 퍼져 있으며 특별히 어두운 빛에 민감하게 반응한다. 그 덕분에 우리는 정전으로 갑자기 어두워졌을 때, 당장은 아무것도 보지 못하다가 차츰 물체의 형태 정도를 구별할 수 있게 된다. 또 극장이나 가로등 불빛이 늘어선 거리 등 빛이 적은 상황에서도 우리가 생활이 가능한 것이다.

그렇다면 막대세포에 이상이 있으면 어떻게 될까? 밝은 곳에서 어두운 곳으로 이동했을 때 시간이 지나도 어두운 주위 환경에 적응할 수 없고, 희미한 불빛만 있는 어두운 상황에서 사물을 분간하기 어렵게 된다. 이러한 증상을 야맹증이라고 한다. 야맹증 증세가 심하면 조금만 실내가 어두워도 생활에 불편을 겪고, 저녁 무렵에 하는 야외 활동이나 운전이 위험한 일이 될 수 있다.

막대세포가 빛에 민감하게 반응하기 위해 필요한 물질, 로돕신이 만들어지는 데에는 비타민A가 필요하다. 이는 곧 비타민A가 부족하면 막대세포가 제대로 기능할 수 없어 야맹증이 발생할 수 있다는 것이다. 따라서 평소 당근, 시금치, 브로콜리, 고구마, 케일 등 비타민A가 풍부한 음식을 충분히 섭취하는 것이 중요하다.

막대세포는 사물의 밝고 어두운 정도와 형태는 파악하지만 색을 느끼지 못한다. 하지만 원뿔세포는 이 모든 것을 할 수 있다. 원뿔세포는 '원추세포'라고도 불리는데, 망막의 황반 중심에 대략 700만 개가 존재한다고 한다.

세 종류의 원뿔세포가 빨간색, 초록색, 파란색 가시광선을 흡수하면, 그 정보가 시각 신경을 타고 뇌까지 흘러가 뇌에서 그 정보들을 정리하고 합쳐 색을 인식하는 것이다. 단, 원뿔세포는 막대세포와 달리 빛이 약하면 그 기능을 제대로 발휘할 수 없기 때문에 어두운 곳에서는 색을 정확히 구별하기 어렵다.

보통 세 종류의 원뿔세포로 100만 가지 색을 구별할 수 있다고 한다. 하지만 세 종류 원뿔세포 가운데 하나라도 제대로 기능하지 못하면 우리는 빨간빛, 초록빛, 파란빛을 온전히 인식할 수 없어 색을 판별하는 힘이 약해지게 된다. 이런 상태를 예전에는 '색맹', 그 정도가 색맹보다 가벼우면 '색약'이라고 했는데, 최근에는 이 모두를 가리켜 '색각이상'이라고 한다.

색각이상은 여자보다 남자에게 더 많이 나타난다. 이는 남녀를 결정하는 성염색체 가운데 X염색체에 의해 원뿔세포 정보가 유전되기 때문이다. 남자는 X성염색체 1개와 Y성염색체 1개를 갖고 있고 여자는 2개의 X성염색체를 갖고 있는데, 색각이상은 성염색체인 X염색체와 관련해 유전되므로 성별에 따라 다른 형태로 유전되는 모습을 보일 수 있는 것이다. 남자는 X염색체를 1개밖에 가지고 있지 않기 때문에 그 1개의 X염색체에 색각이상을 일으키는 유전자가 포함되어 있으면 색각이상이 나타날 가능성이 높아진다. 이에 반해 여자는 X염색체가 2개이므로 1개의 X염색체만 이상이 있다면 색각이상으로 나타나지 않는다. 색각이상은 보통 색각검사를 통해 발견되고, 주로 빨간색과 초록색을 구분 못하는 경우가 많다. 하지만 큰 불편 없이 일상생활이 가능하다.

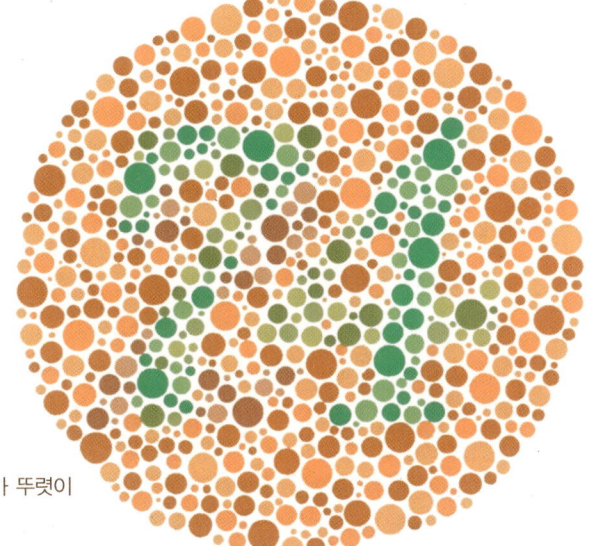

▌색각이상인 사람에게는 색각이상 검사표의 숫자가 뚜렷이 보이지 않는다.

동물은 어떻게 세상을 볼까?

동물 눈에는 세상이 어떻게 보일까? 동물마다 시각세포의 수가 다르고, 눈의 위치 또한 달라서 색 구별은 물론, 한눈에 담을 수 있는 범위 또한 모두 다르다. 물론 동물이 세상을 어떻게 볼지 그 동물이 아닌 이상 정확히 알 수 없지만, 그동안 밝혀진 연구를 통해 추측해 볼 수 있다.

• 빨간색을 보지 못하는 개

흔히들 개는 색을 전혀 구별하지 못한다고 한다. 마치 컬러 사진이 아니라 흑백 사진 상태로 세상이 보인다는 것이다. 하지만 이는 잘못 알려진 사실이다. 개는 색을 인식할 수 있다. 다만 사람만큼 다양한 색을 느끼고 구별하지 못할 뿐이다. 개는 초록색과 파란색 빛을 흡수하는 두 종류의 원뿔세포만 갖고 있다. 반려견에게 빨간색 옷을 선물했다고 했을 때, 반려견 눈에는 빨간색 옷이 초록색 옷으로 보일 것이다. 개의 원뿔세포 종류는 사람보다 하나가 적지만, 막대세포 수는 개가 사람보다 훨씬 많다. 캄캄한 어둠 속에서 사람보다 개가 더 잘 볼 수 있는 이유다.

• 뱀, 적외선을 감지해요

뱀은 시력이 나빠 사물을 또렷하게 볼 수 없지만 사람이 볼 수 없는 적외선을 볼 수 있다. 영화나 게임에서 특수 부대 요원들이 칠흑처럼 캄캄한 밤에 적외선 안경을 끼고 적진에 침투하는 장면. 뱀이 보는 세상은 이와 비슷할 것이다. 뱀의 눈 아래에는 적외선을 감지할 수 있는 특수한 신경세포 골레이세포(golay cell)가 있어서, 먹잇감의 체온을 감지하고 사냥을 할 수 있다.

• 달팽이, 흐릿하고 느릿하게 보아요

달팽이는 시각세포가 거의 발달하지 못했다. 원뿔세포가 없어서 색을 구별할 수 없고, 그저 빛이 얼마나 밝거나 어두운지, 어디에서 오는지 정도만 인식할 수 있다. 뇌 구조 또한 단순해서 그 이상의 시각 정보를 처리할 수 없다. 달팽이 위에서 손을 빠르게 움직이면 달팽이가 우리 손을 아예 보지 못할 정도.

• 하늘의 전사, 매

매는 새 중에서도 시력이 가장 좋은 새로 꼽힌다. 시각세포가 사람보다 5배나 많아서 사람 시력의 4~8배 정도로 멀리 내다볼 수 있다고 한다. 매의 시력은 약 9.0에 달하는데 이는 500미터 떨어진 곳에 있는 신문을 읽을 수 있는 정도의 시력이다. 매는 뛰어난 시력 덕분에 하늘 높이 날아다니면서도 먹이를 잘 찾아내 빠르고 정확하게 사냥한다.

• 박쥐, 귀로 봐요

박쥐는 초음파로 세상을 본다. 초음파란 사람 귀에 들리지 않는 소리. 박쥐는 초음파를 만들어 낼 뿐만 아니라, 정확히 구별해 내기도 한다. 다른 박쥐가 만든 소리와 섞이더라도 착각하는 일이 없다. 박쥐는 어둠 속에서 시력이 아니라 초음파 즉, 청력을 이용해 사냥한다. 초음파가 부딪혀 되돌아오는 것으로 주위 지형과 장애물, 먹잇감을 파악하는 것이다.

 **빛을 탐구한 과학자**

빛을 모르면 색을 알 수 없어!

── 우리가 무언가를 보기 위해 반드시 필요한 것, 바로 '빛'이다. 빛이 없으면 사물의 형태는 물론이고 색은 더더욱 감지할 수 없다. 그렇다면 우리가 감지하는 '색'이라는 것은 빛이 지닌 '색'일까? 아니, 빛은 눈에 보이지 않으니 색이 없는 게 아닐까? 색의 정체를 제대로 알기 위해 빛을 연구한 과학자들에게 해답을 얻어 보자.

아이작 뉴턴: 색이란 빛에 의해 나타나는 현상인 것이오.

존 레일리: 빛의 산란이라고 아십니까?

토머스 영: 빛의 파장을 알면 이 세상이 달리 보이죠.

빛은 흰색? 무지개 색?

안녕하십니까. 우주와 자연 현상을 체계적인 수학 언어로 풀어낸, 근대 과학의 아버지 아이작 뉴턴(1642~1727년)입니다. "우주의 모든 물체는 서로를 끌어당기는 인력을 가지고 있다." 그렇습니다. 만유인력의 법칙을 발견한 주인공이 바로 접니다.

오늘은 '빛'에 대한 궁금증을 안고 날 찾아왔다고 들었습니다. 정말 제대로 찾아오신 겁니다. 빛이 어떻게 움직이고, 어떻게 눈에 보이게 되는지, 반사와 굴절 같은 빛의 현상들은 어떻게 나타나는 것인지 등등 저는 빛에 관한 연구 또한 열심히 했거든요. 특별히 천체를 더욱더 잘 관측하기 위해 광학 망원경을 발명하려고 하니 빛을 연구하지 않으면 안 되겠더군요.

당시만 하더라도 대부분의 사람들은 빛 자체는 색이 없다고 믿고 있었어요. 우리 눈에 보이지 않는 빛, 백색광을 프리즘에 비추면 흔히 말하는 일곱 가지 무지개 색으로 나뉜다는 사실이 이미 알려졌을 때였는데도 말이죠. 이러한 현상을 본래 빛이 일곱 가지 색을 지니고 있어서가 아니라 빛이 프리즘에 의해 꺾이면서 빛의 성질이 변화한 결과로 해석했답니다. 정말 그럴까? 제가 버릇처럼 던지는 질문입니다. 만약 빛이 프리즘에 의해 꺾이면서 성질이 바뀌어 색이 만들어졌다면, 프리즘에 의해 분해된 가시광선 중 하나의 광선만을 다시 프리즘에 통과시켰을 때 또다시 일곱 가지 무지개 색이 나타나야겠지요? 저와 함께 실험으로 확인해 보실까요?

사실, 특별한 실험실이 필요하진 않아요. 커튼이 반드시 달려 있는 햇볕 잘 드는 공간이면 충분합니다. 커튼을 쳐서 빛을 완전히 차단한 후, 커튼에 작은 구멍을 뚫어 한 줄기 빛이 프리즘을 지나가게 합니다. 커튼에 구멍을 낼 수 없다면, 검은색 종이에 구멍을 뚫어 실험해 보세요. 프리즘을 통과한 한 줄기 빛이 무지개 색으로 분해될 거라는 것은 누구나 예상할 수 있을 겁니다.

진짜 실험은 지금부터입니다. 검은색 종이에 구멍을 뚫고서, 분해된 광선 가운데 빨간색 광선만을 통과시키는 겁니다. 그리고 그 빨간색 광선이 또 다른 프리즘을 지나가게 합니다.

어떤 결과가 나왔을까요? 빨간색 광선은 프리즘에 의해 여러 색으로 다시 분해될까요? 그렇지 않았습니다. 빨간색 광선은 두 번째 프리즘을 통과한 후에도 빨간색 그대로였습니다. 이 실험으로 저는 빛의 색은 프리즘 때문에 만들어지는 것이 아니라는 것, 백색광은 본래 다양한 색의 빛이 모여 이루어졌다는 걸 확신하게 되었습니다.

또 분해된 여러 광선 가운데 하나, 즉 단색광을 종이, 금, 은, 유리, 꽃, 물방울 등에도 다양하게 비춰 보았습니다. 그랬더니 파란색을 비추면 사물들이 파란색으로, 노란색을 비추면 노란색으로, 초록색을 비추면 초록색으로 보였습니다. 이는 색이 사물의 고유한 성질이 아니라 빛에 의해 나타나는 현상이라는 것을 말해 주는 게 아니겠습니까?

우리가 보는 물체의 색은 물체가 어떤 빛을 흡수하고 어떤 빛을 반사하느냐에 따라 결정된다고 할 수 있습니다. 스스로 빛을 내는 태양, 형광등, 반딧불이 등이 아니라면 말입니다. 빨간 사과가 빨갛게 보이는 이유는 사과가 다른 색의 빛들은 흡수하고 빨간색 빛만 반사하기 때문이라는 거죠.

그렇다면 빛은 어떻게 색을 띠느냐고요? 먼저 파동을 이해해야 합니다. 빛이 파동의 성질을 가지고 있기 때문이죠. 쉽게 말하면, 일정하게 왔다 갔다 하거나 떨리는 것을 진동이라고 하고, 진동이 점점 옆으로 퍼지는 것을 파동이라고 해요. 이때 파동이 진행하는 동안 나타나는 가장 높은 지점과  높은 지점 사이 또는 가장 낮은 지점과 낮은 지점 사이의 거리를 파장이라 하고요.

우리 눈은 빛을 이 파장의 길이에 따라 각기 다른 색으로 인식하는 거랍니다. 물론 눈으로 볼 수 없는 파장의 빛도 있습니다. 그러니까 정확하게 말하자면, 여러 가지 색의 빛이 있는 게 아니라, 수많은 파장의 빛이 있다고 할 수 있는 거죠. 그중 우리 눈으로 인식할 수 있는 파장의 빛을 가시광선이라고 한답니다.

빛이 프리즘을 통과할 때 여러 띠로 나뉘어 나타나는 것도 빛이 파동의 성질을 가지고 있기 때문이에요. 공기 중의 빛이 어떤 물체를 통과할 때 진행 방향이 바뀌는 현상을 빛의 굴절이라고 하는데요. 빛의 파장에 따라 굴절의 정도가 달라서 여러 가지 색으로 나뉘어 나타나는 거지요. 일곱 가지 색의 무지개도 공기 중의 물방울이 프리즘 역할을 해서 나타나는 거랍니다. 사실 무지개 색 사이에 명확한 경계는 없지만 말이에요.

빛의 세계

백색광
평상시 우리 눈에 보이는 빛은 하얗고 밝게 보여 백색광이라고 부른다.

감마선

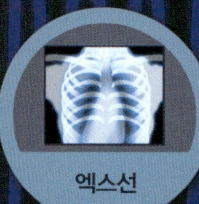
엑스선

자외선

가시광선

감마선
감마선은 파장이 가장 짧고 에너지가 아주 높다. 의료 기기를 살균할 때나 암 치료에 쓰인다.

엑스선
자외선 바깥에 있는 보이지 않는 빛이다. 자외선보다는 파장이 짧고, 물질을 잘 통과해 뼈 사진 등을 찍을 때 사용된다.

자외선
보랏빛보다 파장이 짧은 빛. 보랏빛 밖에 있다 하여 자외(紫外: 보랏빛 자, 밖 외)선이라고 부르며 화학 작용이 강해서 '화학선'이라고도 한다. 피부에 많이 쬐면 좋지 않아 햇빛이 강한 곳에서는 자외선 차단제를 바르는 게 좋다.

가시광선
빛의 파장 중 우리가 볼 수 있는 영역으로 '보는 게 가능하다'하여 가시(可視: 가능할 가, 볼 시)광선이라고 부른다.

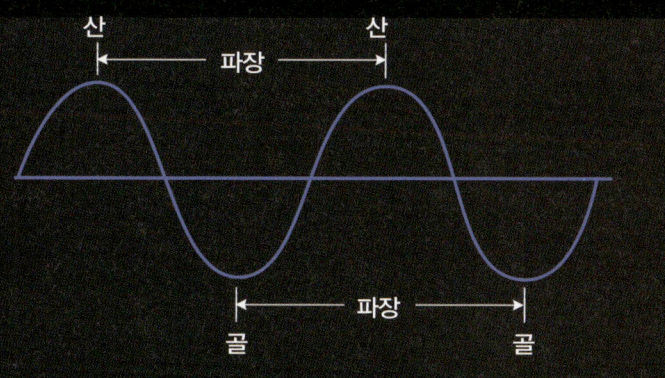

파장
우뚝 솟은 모양의 산과 산 사이의 거리, 아래로 파인 모양의 골과 골 사이의 거리를 파장이라고 한다. 이 파장을 기준으로 빛의 종류를 나눈다.

적외선
빨간빛보다 파장이 더 긴 빛. 붉은빛의 밖에 있다 하여 적외(赤外: 붉을 적, 밖 외)선이라고 부른다. 적외선은 리모콘, 적외선 사진, 적외선 레이저빔, 자동 경보기 등에 사용된다.

라디오파
파장이 길어 공기 중에서 잘 사라지지 않아 원하는 정보를 멀리까지 보낼 수 있다. 통신 기기, 라디오 방송, 텔레비전 방송 등에 사용된다.

마이크로파
적외선 바깥쪽에 있는 보이지 않는 빛. 적외선보다 파장이 길어 레이더, 전자레인지 등에 쓰인다. 음식물에 있는 물 분자가 이 마이크로파에 의해 진동하며 음식물이 데워진다.

빛의 산란으로 하늘이 파랗게 보여

눈에 보이지 않지만 분명 존재하는 빛! 정말 매력적인 연구 대상이죠. 저 또한 뉴턴 선생님처럼 빛이 일으키는 여러 현상, 그 가운데 특히 빛의 산란 현상을 연구한 존 레일리(1842~1919년)라고 합니다. 저는 노벨 물리학상을 수상했죠. 비록 빛에 관한 연구가 아닌 아르곤이라는 희귀 가스를 발견한 공로로 받은 거지만요.

여러분은 가끔 하늘을 올려다보시나요? 아주 오래전부터 사람들은 하늘이 푸른 이유를 알고 싶어 했고, 그만큼 다양한 주장이 존재했습니다. 르네상스 시대 최고의 예술가이자 과학자인 레오나르도 다 빈치는 공기 중에 있는 미세한 물질 때문이라고 했다죠.

그런데 그의 주장이 아주 틀렸던 건 아닌 것 같습니다. 하늘색이 파랗게 보이는 것은 빛의 산란 현상에 의한 건데, 그건 빛이 공기 중의 미세한 물질들과 부딪칠 때 반사나 굴절되지 않고 사방으로 골고루 흩어지는 현상을 말하거든요. 특별히 빛이 질소나 산소처럼 아주 미세한 물질을 만나서 산란되는 현상을 제 이름을 붙여 '레일리 산란'이라고 합니다. 이 레일리 산란으로 하늘이 파랗게 보이는 이유뿐만 아니라 새벽녘과 저녁에 하늘이 붉어지는 이유까지 설명할 수 있죠.

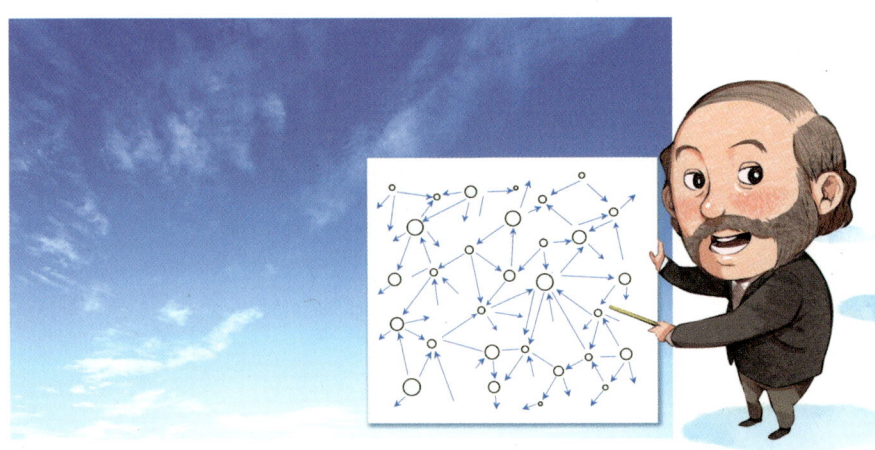

그렇다면 푸른 하늘과 빛의 산란은 무슨 관계가 있는 걸까요? 앞서 뉴턴 선생님께 가시광선은 색에 따라 파장의 길이가 다르다는 것을 확인했습니다. 빨간빛 파장이 가장 길고, 보랏빛으로 갈수록 짧아지죠. 그런데 파장의 길이가 짧을수록 같은 거리에서 진동의 횟수는 더 많아서 산란이 더욱 강하게 일어납니다.

맑은 날에는 공기 중에 입자가 큰 물방울이나 먼지가 적기 때문에 산란이 강하게 일어나는 데다가, 특별히 파장이 짧은 파란빛과 보랏빛이 훨씬 더 강하게 산란되어 푸른 하늘을 보게 되는 겁니다. 물론 보랏빛 파장이 파란빛 파장보다도 짧아서 산란이 더 일어납니다. 하지만 보랏빛 파장은 아주 높은 곳에서 이미 산란되어 사라지기 때문에 파란빛 파장을 주로 보게 되는 겁니다.

낮에 보이는 파란 하늘

아침·저녁에 보이는 붉은 노을

그런데 새벽이나 저녁에는 하늘이 왜 붉게 물드는 것처럼 보일까요? 이건 빛의 산란 현상을 태양의 고도와 함께 생각해 보면 이해할 수 있습니다. 새벽과 저녁에는 낮보다 태양의 고도가 낮은데, 그렇게 되면 빛이 대기를 통과하는 거리가 더 길어집니다. 빛이 비스듬히 지나가기 때문이죠. 빛이 긴 시간을 여행하는 사이 파장이 짧은 보랏빛이나 파란빛은 빨리 산란돼 사라지고, 비교적 약하게 산란되는 긴 파장의 빨간빛, 주황빛, 노란빛 등이 우리 눈에 도달하는 겁니다. 그 결과 해가 뜰 때는 동쪽 하늘이, 해가 질 때는 서쪽 하늘이 불그스름하게 보이는 거랍니다.

빛과 빛이 만나면 서로 간섭해요

반갑습니다. 저는 의사, 물리학자, 언어학자이자 파피루스와 로제타석의 상형문자를 최초로 해독한 이집트학 학자 토머스 영(1773~1829년)입니다. 오늘 이 자리에는 빛의 간섭 원리를 발견한 자격으로 나왔습니다.

제가 살던 시대만 해도 빛의 속성에 대해 두 주장이 팽팽하게 맞서고 있었어요. 한쪽은 빛이 입자의 성질을 지녔다고 하고, 또 다른 한쪽은 빛이 파동의 성질을 지녔다고 주장했죠. 물리학에서 입자와 파동은 굉장히 어려운 개념이에요. 여러분의 눈높이를 맞춰 설명을 하자면 입자는 점처럼 아주 작은 알갱이에, 파동은 잔잔한 호수에 돌멩이 하나를 던졌을 때 퍼져나가는 물결에 비유할 수 있을 것 같습니다. 좀 더 쉽게 말하면 입자는 하나하나 끊어지는 점과 같은 성질을 지닌 반면, 파동은 계속 이어지는 선과 같은 상반된 성질을 가지고 있죠. 그런데 놀랍게도 빛은 입자와 파동의 성질을 모두 지닙니다. 이를 '빛의 이중성'이라고 하죠. 당시 저는 빛이 파동이라고 믿고 있었고, 빛의 간섭 원리로 이를 증명하는 실험을 했습니다.

그렇다면 '간섭'이 뭘까요? 간섭이란 두 가지 이상의 파동이 만나 겹쳐지면서 새로운 형태의 파동을 일으키며 무늬를 만들어 내는 것을 말합니다. 빛 또한 파동이기 때문에 여러 개의 빛이 만나면, 물결 두 개 이상이 만났을 때처럼 서로 간섭해요. 그러면 밝기가 더 밝아지거나 어두워지면서 독특한 무늬가 생기게 됩니다.

빛이 어디에나 있기 때문에, 빛의 간섭 현상 또한 주변에서 쉽게 찾을 수 있습니다. 여러분, 비눗방울 알죠? 햇볕 좋은 날, 비눗방울을 만들어 보면 마치 무지갯빛이 아른거리는 것처럼 보입니다. 비눗방울의 막은 대체로 아주 얇지만, 그 두께가 고르지 않죠. 그러다 보니 두께에 따라 빛이 막을 그대로 통과하기도 하고, 일부는 막에 부딪혀 반대 방향으로 반사되기도 하고, 또 일부는 표면에서 굴절되었다 막 안쪽에서 다시 반사됩니다. 이렇게 여러 방향으로 진행하던 빛이 서로 만나면 간섭이 일어납니다. 그러면 어떤 색의 파장은 강화되고, 어떤 색의 파장은 약화되면서 여러 가지 색이 동시에 나타나게 돼, 우리 눈에는 오묘한 색으로 보이게 되는 것이죠.

비눗방울　　　　　　　　오팔　　　　　　　　전복 껍데기

세계 최고의 작가 셰익스피어가 보석의 여왕이라고 극찬한 '오팔'은 각도에 따라 서로 다른 색의 빛을 내뿜는데, 이 또한 빛의 간섭 현상에 의한 겁니다. 오팔을 현미경으로 들여다보면 여러 개의 구슬이 규칙적으로 배열된 구조라고 합니다. 그런데 이 구슬의 크기가 제각각이라서 빛 또한 제각각의 방향으로 반사하거나 굴절하면서 간섭을 일으켜 화려한 빛을 자랑할 수 있는 거랍니다.

이외에도 전복 껍데기 안쪽이나, 나전칠기 재료가 되는 광채를 지닌 조개껍데기처럼 우리 주변에서 오묘한 무지갯빛을 지닌 것들은 대부분 빛의 간섭에 의한 거라 할 수 있습니다.

..빛을 그린 화가..

시시각각 변하는 색을 화폭에 담자

세상의 모든 색을 화폭에 담는 화가들 또한 빛의 움직임에 관심이 많았다. 특별히 19세기 후반 프랑스에서는 사물을 그대로 재현하는 데 치중했던 전통적인 회화 기법을 거부하고 빛에 따라 달라지는 사물의 색과 형태를 그대로 표현하려는 '인상주의'가 등장했다. 현대 미술의 새로운 장을 연 인상주의 대표 화가와 작품을 만나 보자.

클로드 모네
〈인상, 해돋이〉

모네가 말하길 '빛이 곧 색채'

'인상(印象)'의 사전적 의미는 '어떤 대상에 대하여 마음속에 새겨지는 느낌'이다. 인상주의는 단어의 의미처럼, 빛과 색에 대한 화가의 순간적인 느낌을 최대한 그려 내려 한 회화의 흐름으로 1860년경부터 1890년에 걸쳐 프랑스를 중심으로 나타났다.

모네는 인상주의를 실천한 대표적인 인상파 화가로 빛에 따라 형태나 색이 수시로 바뀌는 사물과 풍경을 그대로 담아내려 했다. 1874년, 모네는 피사로, 드가, 세잔, 르누아르 등 자신과 생각이 같은 화가들과 첫 번째 전시회를 연다. 하지만 그들의 그림은 환영받지 못했다. 자연의 모든 사물은 각각 고유한 색을 지니고 있어서, 밝기의 차이는 있어도 언제나 같은 색채를 지닌다는 것이 당시 지배적인 생각이었기 때문이다. 다시 말해 파란색의 밝기 차이, 곧 명암의 차이는 있을 수 있어도 파란색은 파란색이라는 것. 그러니 파란색은 파란색으로만 이루어진 것이 아니라는 낯선 주장은 인정받기 쉽지 않았다.

그러나 이 전시회에서 모네의 〈인상, 해돋이〉는 '인상주의'라는 이름을 얻게 된다. 이 작품을 본 비평가의 "한 순간의 인상만을 그린 그림. 오히려 벽에 붙인 벽지가 훨씬 완성도가 높다."는 야유에서 비롯된 것이었다. 이러한 차가운 반응에도 불구하고 모네를 비롯한 인상파 화가들은 '빛은 곧 색채'라는 인상주의의 핵심 원칙을 지켜 나갔다. 특히 모네는 동일한 대상을 비슷한 구도와 서로 다른 분위기로 반복해서 그리는 '연작' 형식으로 수련, 건초더미, 루앙 대성당, 런던 풍경 등의 걸작을 남겼다.

클로드 모네
〈수련 연작〉

클로드 모네
〈건초 더미 연작〉

피사로, 몽마르트 대로의 풍경 변화를 담다

'빛'이 모든 작품의 공통된 주제였던 인상주의 화가들은 생생하게 살아 움직이는 순간을 재빨리 포착하고자 노력했다. 그들이 주로 활동했던 19세기 후반, 현대 도시로서의 면모를 갖춰 가던 프랑스 파리를 비롯해 활기찬 도시 풍경은 안성맞춤의 소재였다. 실제 인상주의 화가들의 작품에는 카페, 공원, 오페라 극장, 기차, 상점 등 화려한 도시의 볼거리가 많이 담긴다.

피사로는 몽마르트 거리를 그린 화가로 유명하다. 그는 몽마르트 거리의 풍경을 흐린 날 아침, 햇살 내리는 오후, 비오는 날, 밤 등 날씨, 계절, 시간대를 달리 해 가며 반복해서 그렸다. 〈몽마르트 대로, 오후 햇살〉과 〈몽마르트 대로, 밤〉을 보면 같은 거리에 대해 화가가 시간의 변화에 따라 어떤 인상을 받았는지 엿볼 수 있다.

카미유 피사로
〈몽마르트 대로, 오후 햇살〉

카미유 피사로
〈몽마르트 대로, 밤〉

르누아르, 뭉개지는 윤곽선으로 빛을 표현하다

르누아르는 여성과 아이들의 행복한 순간을 작품에 많이 담아 '행복을 그린 화가'로 불린다. 인상주의에서 중요하게 여기는 빛과 그에 따른 그림자의 어울림이 인물의 표정과 움직임을 생동감 있게 표현하는 데 효과적으로 이용되었다. 그는 인상파 화가들과 어울려 야외로 나가 풍경과 사람들의 모습을 즐겨 그렸다. 〈물랭 드 라 갈레트의 무도회〉는 밝음과 어둠의 대비, 흐릿하면서 뭉개진 윤곽선을 이용해 빛과 인물의 움직임을 부드럽게 담아내는 그만의 기법이 돋보이는 작품이다. 한편, 그의 후기 작품들은 이러한 인상주의 기법에서 벗어난 모습을 보이는데, 이는 인물화에 집중하면서 보다 또렷한 윤곽선으로 인물의 표정이나 특징을 섬세하게 표현하고자 했기 때문이다.

피에르 오귀스트 르누아르
〈물랭 드 라 갈레트의 무도회〉

조르주 피에르 쇠라
〈그랑드 자트 섬의 일요일 오후〉

쇠라, 점묘법으로 색의 혼합을 일으키다

　쇠라는 인상주의 기법을 좀 더 과학적으로 발전시키고자 했다. 그는 빛의 변화에 따라 함께 변하는 사물의 색을 가장 잘 표현할 수 있는 방법으로 '점묘법'을 선택했다. 점묘법이란 아주 작은 점을 무수히 많이 찍어 면을 채워서, 멀리서 봤을 때 색이 자연스레 혼합되어 보이는 기법이다. 물감을 섞어 그린 것보다 훨씬 선명하고 밝아 보이는 효과가 있다. 화가의 팔레트나 캔버스 위가 아니라 그림을 감상하는 사람의 눈에서 색의 혼합이 일어나고 완성되는 것. 훗날 비평가는 이러한 점묘법을 도입한 쇠라, 시냐크, 피사로 등의 화풍을 인상주의와 구별해 '신인상주의'라고 불렀다.
　〈그랑드 자트 섬의 일요일 오후〉는 쇠라가 점묘법을 전체적으로 사용한 최초의 작품이다. 그림의 일부를 확대해 보면 한 가지 색인 줄 알았던 면이 수많은 점이 모여 완성된 것을 확인할 수 있다.

고흐, 인상주의에 자신의 감정을 더하다

고흐는 고갱, 세잔과 함께 인상주의 이후에 등장한 대표적인 후기 인상주의 화가다. 그는 화가의 길에 들어섰으나 고국 네덜란드에서 별다른 성과를 얻지 못하고 프랑스 파리로 건너가 그곳에서 대가들의 작품을 통해 미숙했던 그림의 기본기를 다지면서 다양한 기법을 익혔다. 특별히 당시 주를 이루고 있던 인상주의 화가들과 교류하면서 그들이 중요하게 여긴 빛의 효과를 과학적인 방식으로 탐구하면서 색채 이론까지 연구해 작업에 반영했다.

그는 점묘법이나 보색대비로 눈에 보이는 인상을 재현하는 것에 그치지 않고, 눈에 보이지 않는 감정이나 관념의 세계까지 표현하고자 했다. 이를 위해 색마다 상징을 담았는데, 예를 들어 그가 즐겨 사용한 노랑은 태양처럼 뜨거운 열정, 기쁨, 설렘, 희망 등을 보여 준다. 〈해바라기〉는 그에게 '태양의 화가'라는 별칭을 안겨 준 작품으로, 노란 해바라기를 반복적으로 그리면서 격정적이고 이글거리는 감정을 힘이 넘치는 붓질로 표현한 것으로 평가된다.

빈센트 반 고흐
〈해바라기〉

..빛과 색을 표현하는 기술..

색은 어떻게 만들어질까?

텔레비전, 사진, 영화, 프린터 등 기록과 영상 매체가 대부분 흑백이었던 시절은 그리 오래되지 않았다. 컬러텔레비전만 하더라도 우리나라에서는 1980년에서야 비로소 판매가 되었다. 스마트폰, 컴퓨터 모니터, 컬러 프린터 등 다양한 매체 속에서 무슨 색이든 그대로 재현되는 요즘, 색은 어떤 원리로 만들어지는지 살펴보자.

디지털 화면, 빛의 삼원색이 일으키는 마법

세상에는 얼마나 많은 색이 존재할까요? 셀 수 없이 많다는 대답이 정답일 거예요. 그럼 텔레비전이나 컴퓨터 모니터, 또 휴대전화 등 화면 속에서 어떻게 그 많은 색이 나타나는 걸까 궁금한 적 없나요? 뭔가 굉장히 복잡할 것 같은데, 의외로 비밀은 간단합니다. 바로 '삼원색'이 그 비밀을 푸는 열쇠예요.

삼원색이란 다른 색을 섞어서 만들 수 없는, 세 가지 기본이 되는 색을 말해요. 셀 수 없이 많은 색들이 단 세 가지 색이 섞이면서 만들어진다는 거죠. 그렇다면 세 가지 기본색은 무엇일까요? 귀띔해 줄게요. 우리 눈의 시각세포, 그 가운데 원뿔세포가 단서랍니다. (감이 안 잡힌다면, 16쪽으로 되돌아가 원뿔세포 이야기를 다시 읽어 보세요.) 우리 눈이 세 가지 종류의 원뿔세포를 통해 빨간색, 초록색, 파란색 가시광선을 받아들인다고 했는데요, 바로 그 세 가지 색이 '빛의 삼원색'이에요.

텔레비전이나 컴퓨터 모니터, 휴대전화 화면은 '화소'라고 하는 아주 작은 점으로 이루어져 있어요. '픽셀(Pixel)'이라고도 하는데, 디지털 이미지를 구성하는 가장 작은 단위로 해상도를 나타내지요.

예를 들어 모니터 해상도가 1920×1080이라고 하면 가로 1920개의 픽셀, 세로 1080개의 픽셀로 이루어졌다는 뜻이에요. 같은 크기의 모니터라면 화소가 높으면 높을수록, 다시 말해 가로 세로 픽셀 수가 많을수록 해상도가 높다고 하지요. 해상도가 높을수록 화질이 좋아요. 선명하고 세밀하게 이미지를 표현할 수 있는 거죠.

모니터에 이미지가 표현될 때 해상도 250×250(위)이 해상도 60×60(아래)보다 선명하게 보인다.

그런데 바로 이 픽셀 하나는 빛의 삼원색 한 묶음으로 되어 있어요. 빛이 픽셀을 비추면 세 가지 색이 섞여 하나의 픽셀마다 색이 결정되고, 이러한 픽셀이 수없이 모여 전체 화면의 색을 완성하는 거죠. 마치 우리 뇌가 원뿔세포가 보낸 세 가지 빛 정보를 조합해 색을 읽어 내듯 말이에요.

색의 삼원색과 빛의 삼원색은 달라!

빛이 프리즘을 통과했을 때 나타나는 스펙트럼을 통해서, 눈에 보이지 않는 빛이 사실은 여러 가지 색이 섞인 상태라는 것을 확인했어요. 이것을 통해 우리는 한 가지 사실을 더 발견할 수 있는데요, 바로 빛은 여러 색이 섞일수록 밝아진다는 거예요. 그리고 빛의 삼원색인 빨간색, 초록색, 파란색이 같은 비율로 섞이면 흰색, 곧 백색광이 된다는 거죠. 빛의 삼원색 이외의 빛의 색은 어차피 이 세 가지 색의 조합으로 만들어지는 거니, 빛의 삼원색을 섞는다는 건 곧 모든 색의 빛을 섞는다는 것과 같은 거겠죠?

그런데 뭔가 이상하지 않나요? 물감으로 그림을 그릴 때를 떠올려 보세요. 다른 색 물감을 칠하려면, 붓에 묻은 물감을 물통에 담가 깨끗이 씻어 낸 후 다른 색 물감을 묻히죠? 이렇게 여러 번 반복하고 나면 물통의 물은 어떻게 되나요? 점점 어두워지다 까맣게 보이기까지 할 거예요. 빛은 섞으면 섞을수록 밝아진다고 했는데, 빛을 통해 보는 물감의 색은 왜 섞으면 섞을수록 어두워지는 걸까요?

다른 색을 섞어서 만들 수 없는 세 가지 색을 삼원색이라고 했죠? 그런데 빛의 삼원색과 물감의 삼원색은 달라요. 보통 물감뿐만 아니라 페인트, 잉크처럼 색을 만들어 내는 재료의 삼원색을 가리켜 '색의 삼원색'이라고 해요.

이 색의 삼원색은 빛이 물체에 닿았을 때 물체가 흡수하지 않고 반사한 빛의 색이에요. 빛의 삼원색 빨강(Red), 초록(Green), 파랑(Blue)이 두 개씩 겹쳐 생기는 세 가지 색 사이안(Cyan), 마젠타(Magenta), 노랑(Yellow)을 색의 삼원색으로 삼아요. 사이안은 빨간빛을, 마젠타는 초록빛을, 노랑은 파란빛을 각각 흡수하고 나머지 색의 빛을 반사시킨 결과 보이는 색이라는 거죠. 보통 영문의 앞자리를 따서 빛의 삼원색은 RGB, 색의 삼원색은 CMY라고 표기해요.

빛은 섞으면 섞을수록 밝아진다고 했죠? 그런데 색은 섞으면 섞을수록 어두워져요.

물감을 예로 들자면, 여러 가지 색의 물감을 섞을수록 물감이 더 많은 빛을 흡수하게 되고, 그만큼 우리 눈에 도달하는 빛의 양이 줄어들기 때문이죠. 그래서 색의 삼원색을 모두 섞으면 검정에 가까운 색이 되는 거예요.

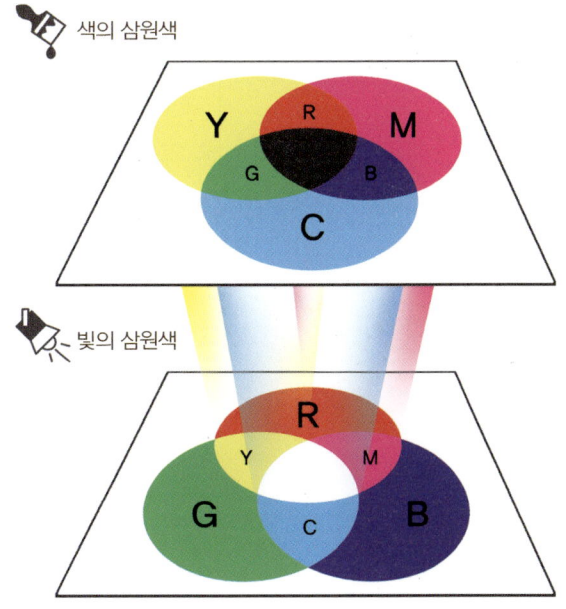

색의 삼원색

빛의 삼원색

컬러 프린터를 들여다보면 C M Y K 네 가지 잉크나 토너를 확인할 수 있다.

앞서 빛의 삼원색은 빛을 비춰 색을 만들어 내는 텔레비전, 컴퓨터, 휴대전화 등의 디지털 화면을 구성한다고 했죠? 반면 컬러 프린터나 인쇄기를 들여다보면 색의 삼원색이 어떻게 다양한 색을 만들어 내는지 이해할 수 있어요. 이러한 기계는 색의 삼원색에 검정색 하나를 추가해 네 가지 잉크나 토너, 또는 인쇄판을 필요로 해요.

그런데 색의 삼원색이 일정한 비율로 섞이면 검정색이 될 텐데, 굳이 추가하는 이유가 있을까요? 그건 잉크나 토너 같은 색의 재료가 색의 혼합 이론에 딱 들어맞지 않기 때문이에요. C, M, Y 잉크가 각각 똑같은 양으로 섞인다고 해도 검은색을 완벽하게 만들어 내지 못한다는 거죠. 그래서 특별하게 만든 검은색 잉크 K를 따로 만들어 사용하는 거랍니다. 이때 'K'는 인쇄판(Key Plate)의 첫 글자에서 가져왔다고도 하고, 검정(Black)의 첫 글자가 빛의 삼원색 가운데 하나인 파랑(Blue)과 겹쳐서 이를 구분하기 위해 끝 글자로 표시한 거라는 이야기도 있어요.

이 책을 비롯해 인쇄기로 찍어 낸 모든 컬러 인쇄물은 종이가 C, M, Y, K 4개의 인쇄판을 차례로 통과하면서 색이 섞여 완성돼요. 컬러 프린터도 이와 비슷한 원리로 색을 구현해요. 간혹 책 표지나 카드, 초대장, 포장지, 색종이 등에서 형광, 금색, 은색 같은 특수한 색을 볼 수 있는데, 이와 같은 색은 C, M, Y, K 조합으로 만들 수 없어요. 그래서 형광물질을 넣은 잉크, 황동 가루를 섞은 금색 잉크, 알루미늄 가루가 섞인 은색 잉크 등 특별히 제작된 잉크를 사용하기도 하죠.

색의 세 가지 속성 : 색상, 명도, 채도

색은 색상, 명도, 채도라는 특징과 성질을 모두 지녀요. 이 세 가지를 가리켜 '색의 속성'이라고 해요. 이 세 속성은 우리가 색을 알아보는 데 영향을 줘요.

먼저 '명도'는 색이 지니는 밝기의 정도를 말해요. 보통 하얀색을 명도 10, 검은색을 0으로 하고, 그 둘 사이를 10개 단계로 나눈 표를 이용하는데, 이때 하얀색과 검은색, 그리고 그 사이의 모든 회색을 '무채색'이라고 해요. 명도는 하얀색이 가장 높고, 검은색이 가장 낮아요. 명도가 높을수록 빛을 많이 반사해 밝은 느낌을 준답니다.

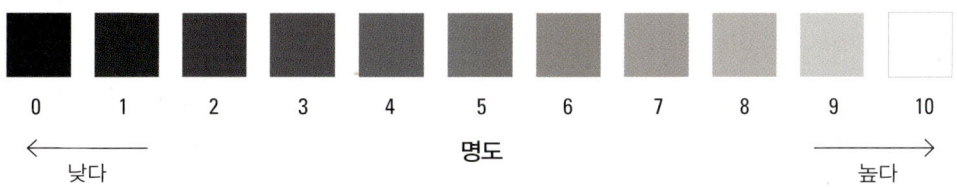

그런데 명도는 주변 색의 명도에 따라 다르게 보일 수 있어요. 예를 들어 아래처럼 하얀색과 검은색 티셔츠 위에 같은 명도의 회색 무늬가 각각 있다면, 회색 무늬는 명도가 높은 하얀색 티셔츠보다 명도가 낮은 검은색 티셔츠가 바탕일 때 더 밝아 보이죠.

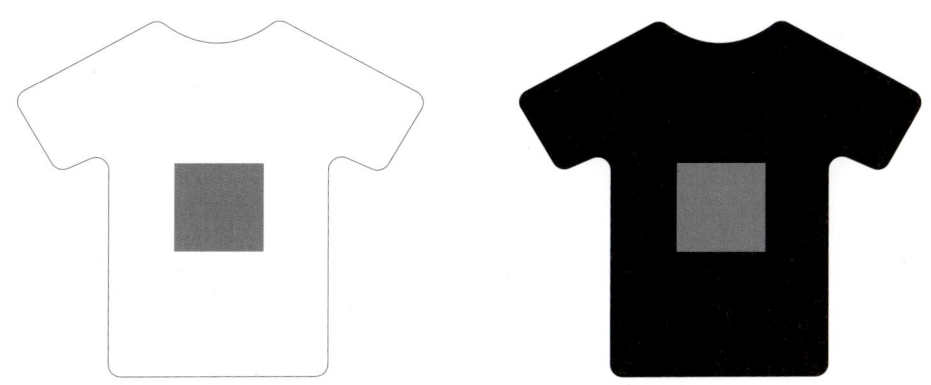

명도가 색의 밝고 어두운 정도를 나타낸다면, 채도는 색의 맑고 탁한 정도를 말해요. '물이 맑다'라고 하는 건, 불순물이 거의 들어 있지 않다는 거죠? 반대로 '물이 탁하다'고 하면 깨끗한 물에 뭔가가 많이 섞여 있다는 거고요. 이처럼 색이 맑거나 탁하다고 하는 것은 그 색이 지닌 순수성을 나타내는 거라고 볼 수 있어요.

채도는 앞서 본 무채색을 제외한 모든 색이 지니고 있는 성질로, 채도가 높을수록 같은 길이의 파장을 많이 반사하기 때문에 선명하고 맑게 보여요. 반면 무채색을 섞을수록 채도는 낮아지고 그만큼 빛을 덜 반사하기 때문에 탁하게 되죠. 어떤 색 물감이든 하나 골라서 짜 놓고, 검은색 물감 양을 늘려 가면서 섞어 보면 바로 확인할 수 있을 거예요.

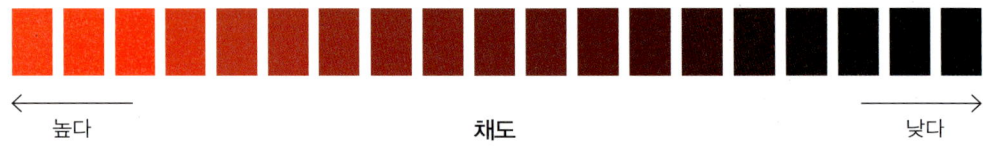

← 높다　　　　　　　　　　채도　　　　　　　　　　낮다 →

색상환에 숨은 비밀을 찾아보자

마지막으로 '색상'은 명도나 채도와 상관없이 빨강, 노랑, 파랑같이 색 자체를 구분할 수 있게 하는 특성이에요. 색마다 갖고 있는 일종의 이름이라고도 할 수 있는데, 스펙트럼 가운데 우리 눈에 보이는 가시광선 부분을 파장의 길이에 따라 나눈 거죠. 그리고 마치 무지개 끝을 맞닿게 붙여 놓은 것처럼, 스펙트럼을 순서대로 동그랗게 배열한 것을 '색상환'이라고 해요.

색상환에서 가까이 있는 색끼리는 성질이 비슷해요. 예를 들어 빨간색은 가까이에 있는 주황색이나 노란색과 함께 따뜻한 느낌을 줘요. 하지만 빨간색과 멀리 떨어져 있는 하늘색이나 파란색은 반대로 차가운 느낌을 주죠.

색상환에서 가장 멀리 떨어져 있는 두 색의 관계를 '보색'이라고 해요. 원에서 가장 멀리 떨어져 있다는 건, 마주 보고 있다는 말과 같죠? 그렇게 보면 노란색은 남색과, 녹색은 자주색과 보색 관계라는 걸 알 수 있어요.

색상환을 보면 색을 섞었을 때 결과를 예측할 수 있어요. 보통 색상환에서 어떤 두 가지 색을 섞으면 그 둘의 중간에 있는 색이 만들어져요. 빨강과 주황을 섞으면 다홍이 만들어지는 거죠. 명도가 낮은 색을 섞으면 명도가 낮아지고요.

색상환에서 색끼리 거리가 가까울수록 성질이 비슷하다고 했죠? 그러면 반대로 서로 마주보는 보색 관계의 색끼리는 거리가 가장 머니까, 성질 또한 반대된다고 볼 수 있겠죠? 그래서 보색끼리 섞으면 서로의 성질을 깨뜨려 버리고 무채색을 만들어 버려요. 만약 채도를 낮추고 싶지 않다면 최대한 가까운 거리에 있는 색끼리 섞어야 하죠.

색을 어떻게 조합하느냐에 따라 다른 느낌을 표현할 수 있어요. 시선을 집중시키고 싶다면 상반된 성질의 보색을, 편안한 분위기를 연출하고 싶다면 비슷한 성질의 색을 이용해 꾸미면 도움이 될 거예요.

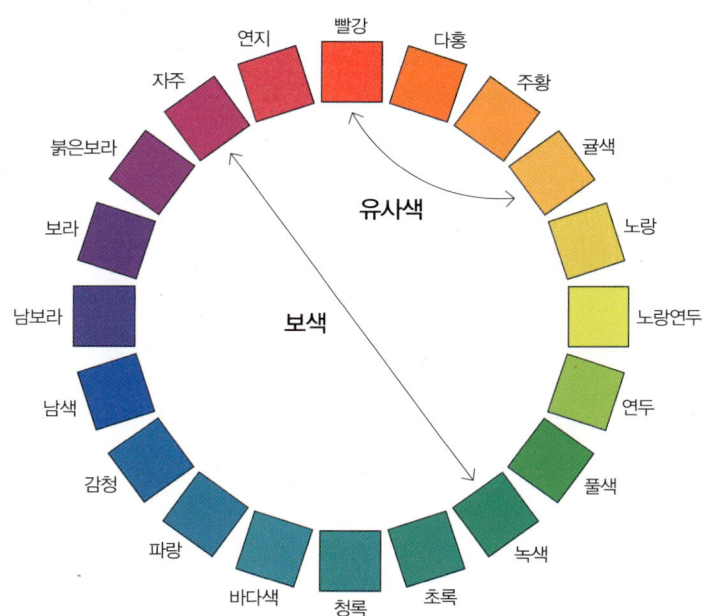

색, 말보다 강력해

·· 약속을 말하다 ··

빨강이 하는 말

── 가장 좋아하는 색이 뭐예요? 나이, 성별, 성격, 취향, 또는 직업 등에 따라 다양한 대답이 나오겠죠? 그럼 가장 먼저 떠오르는 색은 무엇인가요? 신기하게도 이 질문에는 많은 사람들이 '빨강'이라고 답한다고 해요. 이 순간, 분명 '빨간색'을 지닌 것들이 마구 떠오를 텐데요, 어쩌다 빨간색을 떠올리게 된 건지 알아볼까요?

스페인의 세계유산, 알타미라 동굴 벽화. 고대 동굴 벽화에서 발견된 붉은 황토의 흔적을 두고 인류가 처음으로 사용한 색을 빨강으로 추정하기도 한다.

눈에 가장 잘 띄어요

빨강의 가장 큰 특징은 한눈에 들어온다는 거예요. 왜 그럴까요? 색은 파장이 길수록 진동하는 횟수가 적어 그만큼 흩어지지 않고 먼 곳까지 선명하게 전달된다고 해요. 빨간빛은 가시광선 중에서도 파장이 가장 길지요.

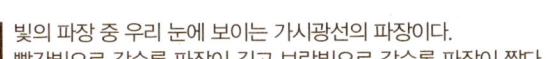

빛의 파장 중 우리 눈에 보이는 가시광선의 파장이다.
빨간빛으로 갈수록 파장이 길고 보랏빛으로 갈수록 파장이 짧다.

그리고 우리 눈, 좀 더 자세히 말해 망막에는 색을 구분하는 세 가지 원뿔세포가 있잖아요? 원뿔세포가 빨강, 초록, 파랑 세 가지 빛을 감지해서 우리가 다양한 색을 인식할 수 있는데, 이 가운데 빨간빛을 감지하는 원뿔세포가 월등히 많아요. 그래서 여러 색 가운데 빨강이 우리 눈에 가장 잘 띄고, 강한 인상을 남기는 것이지요.

빨강이 지닌 강렬함은 우리 생활에 두루두루 영향을 미치고 있어요. 빠르게 관심을 끌어야 하거나 시선을 사로잡아야 하는 곳에서 빠지지 않죠. 게다가 빨강은 다른 어떤 색보다 다양한 의미를 담고 있어요. 무엇보다 오랜 인류 문화에서 '피'를 떠올려 생명, 정열, 사랑을 나타내고, 탄생과 죽음 또한 상징해 왔죠. 또 빨강은 저항이나 단결을 뜻하는 혁명의 색이기도 해요. 시위나 집회 장소에 빨간색 머리띠나 깃발이 자주 등장하는 이유죠.

이외에도 빨강은 그 자체로 경고, 위험, 금지, 헌신 등 여러 의미와 약속을 말해요. 우리 생활 속에서 하나하나 찾아봐요!

생활 속 '빨강' 찾기

행운을 기대한다면 빨강!

빨강은 행운을 상징하기도 해요. 예부터 빨강이 복을 불러온다는 믿음이 전해 내려와 축하하거나 복을 기원할 때 빨간색을 주로 이용했어요. 첫 월급으로 부모님께 빨간 속옷을 선물하거나 지갑을 선물할 때에도 빨간색을 골랐죠. 또 저금통이라고 하면 거의 '빨간색' 돼지 저금통일 정도였어요.

오늘은 쉬는 날!

달력의 '빨간 글자'는 중세 시대 큰 영향력을 행사했던 유럽의 교회가 달력에 기념일이나 축일을 빨강으로 표시한 데서 유래했어요. 글을 쓸 때 첫 번째 대문자나 중요한 단어에 빨간 잉크를 사용하기도 했지요. 최근에는 달력 디자인에 따라 일요일과 공휴일을 빨간색이 아닌 다른 색으로도 표현하지만, 아주 오랫동안 쉬는 날짜는 약속이라도 한 듯이 빨간색으로 표시했답니다.

빨강은 뜨거워!

빨간색은 따뜻함을, 파란색은 차가움을 떠올리게 해요. 그래서 화장실 세면대나 정수기 등을 보면 따뜻한 물이 나오는 곳은 빨간색으로, 차가운 물이 나오는 곳은 파란색으로 표시해요. '뜨거워요'라고 글로 쓰지 않더라도 빨강이 뜨겁다는 느낌을 나타내는 것으로 약속돼 있어 가능한 거죠.

빨강은 생명

피는 적혈구라는 세포 때문에 붉게 보여요. 적혈구는 산소를 나르는 일을 하는 헤모글로빈이라는 물질로 구성되는데, 이 헤모글로빈을 이루는 철 성분이 산소와 만나면 붉은색을 띠죠. 이 때문에 '생명'과 연결되는 단어, 활동, 기관 이름 등은 주로 빨강으로 나타내요.

경고를 뜻하는 빨강

빨강은 강렬한 느낌이 들어 '경고'의 메시지를 대신하기도 해요. 가장 대표적인 것이 운동 경기에 등장하는 레드카드예요. 상대 팀 선수를 의도적으로 다치게 하거나 무례한 행동과 욕설 등을 했을 때 심판이 경기장에서 나가라는 표시로 내밀지요. 또 위험한 장소를 표시하거나 주의 사항을 표기할 때도 '경고'의 의미로 빨강을 이용하죠.

식욕을 자극해!

 오늘 집에 가는 길에 간판들을 유심히 관찰해 보세요. 그리고 '빨강'이 들어간 간판을 찾아보세요. 아마 많은 패스트푸드점 간판에 빨강이 쓰인 걸 발견할 수 있을 거예요. 왜 그럴까요? 일단 간판은 무엇보다 눈에 잘 띄어야 하니까, 가장 눈에 잘 들어오는 빨강을 선택했겠죠. 또 하나는 빨강이 식욕을 자극하는 색이라서 그렇대요.

빨강을 보면 일단 정지!

 빨강은 '피'를 연상시키는 색으로 공포를 의미하기도 해요. 그래서 신호등의 '멈춤' 신호가 빨강인 거죠. 반드시 멈춰야 한다는 경고이자, 경고를 받아들이지 않으면 큰일 난다는 공포를 상징해요. 그렇게 하지 말라는 강력한 금지의 의미를 빨간 불빛이 뜻하는 거죠. 세계 어디에서든지 빨간 신호등이 켜지면 차든 사람이든 무조건 정지해야 해요.

긴급할 땐 빨강!

 빨강은 긴급한 느낌을 전하기도 해요. 그래서 우체통과 우체국 표시가 빨갛답니다. 빠르게 소식을 전달하겠다는 것을 약속하는 거겠죠? 응급차나 응급실처럼 위급한 상황에서 눈에 잘 띄어야 하는 것들을 빨갛게 표시하는 것도 같은 이유죠.

불이 나도 빨강

'빨강'하면 '불'의 이미지를 빼놓을 수 없죠. 소화기, 소화전, 소방차, 소방서 등 불과 관련된 소방 시설 모두 빨간색을 기본색으로 사용하잖아요. '불'이 붉은색을 나타내기 때문이기도 하지만 화재가 '위험', '위급함', '생명'과 모두 연결돼 있어 이 모든 것을 말할 수 있는 '빨강'이 활약하는 거예요.

헌신, 용기, 저항도 상징해

전 세계 국기에 가장 많이 사용된 색은? 바로 '빨강'이에요. 전 세계 국기의 약 80%에 빨강이 포함되어 있죠. 국기에 유독 빨강이 많은 건, 빨강이 '헌신', '용기', '저항'의 정신을 담고 있기 때문이에요.

·· 문화를 말하다 ··

색색깔깔 몬스터 학교

─ 색색깔깔 몬스터 학교의 역사 시간. 오늘의 주제는 '우리 색깔로 말할 것 같으면······.'이다. 선생님은 색깔 몬스터마다 역사 속에서 자랑거리와 매력을 찾아오는 과제를 내 준 상태. 과연 색깔 몬스터들은 과제를 제대로 해 왔을까? 그들의 수업 시간을 들여다보자.

권력을 자랑한 노랑

흠흠! 위대하고 고귀한, 무엇보다 럭셔리한 역사를 자랑하는 옐로 가문의 옐로 몬스터입니다. 제가 오늘 입은 이 옷이 무엇인지 알고 있나요? 이 옷으로 말할 것 같으면 그 옛날 중국 황제가 입었던 노랑 용포, 즉 '황룡포'입니다. 용포란 '곤룡포'라고도 하는데, 황제가 평상시 집무를 볼 때 입은 옷으로 가슴과 등, 양 어깨에 용의 무늬를 수놓았다고 해서 이름이 그렇게 붙여진 겁니다. 황제가 황룡포를 입는 것은 당나라 때부터 시작돼 명나라를 지나 청나라까지 이어졌습니다.

평소 사극을 좋아하는 색색깔깔 몬스터라면 "조선 시대 왕의 곤룡포는 빨간색이던데……." 하실 수 있을 겁니다. 맞습니다. 조선의 왕과 세자는 붉은색 곤룡포를 입었습니다. 당시 곤룡포의 색깔은 서열을 나타냈는데, 조선의 왕은 중국의 황제보다 낮은 위치였기 때문에 황색 곤룡포를 입을 수 없었다고 합니다. 황색은 한마디로 중국 황제가 독점한 색깔이었습니다. 황제 아닌 신분의 사람이 황색을 사용하면 극형에 처하고, 가족까지 모두 없앨 정도였죠. 조선에서도 황색 곤룡포는 대한제국을 선포한 고종 이전까지는 입지 못했다고 합니다.

조선에서는 고종에 이르러서야 황룡포를 입었더군.

그 옛날 중국 황제가 타임머신을 타고 현재에 와서, 노란색 원복을 입은 아이들의 행렬을 본다면 깜짝 놀랄 뿐만 아니라 격하게 분노하시겠죠?

이렇게 옛날 신분제 사회에서는 옷 색깔이 곧 신분을 표시했습니다. 특별히 동양에서는 저 옐로, 황색이 최고의 신분을 나타내는 색이었고 말입니다. 제가 자랑할 만하죠?

사극 좋아하는 몬스터를 위해 한 가지 더 알려 드릴까요? 조선 시대 세자는 왕과 똑같은 붉은색 곤룡포를 입었는데요, 광해군 때부터 세자의 곤룡포 색이 푸른색(남색 또는 검은색)으로 바뀝니다. 아들 광해군을 못마땅하게 여긴 아버지 선조가 자신과 똑같은 옷을 입고 임금 행세하는 것이 보기 싫어서 왕명을 내렸다고 하네요. 사극 볼 때 한번 유심히 살펴보십시오.

사실, 옐로 가문을 자랑하자면 정말 끝이 없습니다. 여러분, 대한민국의 전통색이라고 불리는 '오방색'을 알고 있습니까? '오방색'은 이름 그대로 다섯(五) 방향(方)을 상징하는 색(色)으로 노랑, 파랑, 하양, 빨강, 검정을 가리킵니다. 이때 각각의 색은 동서남북을 뜻하는데, 노랑은 힘과 권위를 상징하면서 중앙을 차지하죠. 이건 노랑이 우주의 중심이자 오방색 중에서도 가장 으뜸이라는 뜻 아니겠습니까? 하하하.

신분을 나타낸 보라

잠깐! 힘 이야기를 한다면, 이 보라가 빠질 수 없지. 옐로 몬스터 이제 들어오시지. 동양에서는 노랑이 황제의 색이었을지 모르지만, 고대 로마 황실 최고의 색은 나, 보라였어! 그렇다면 궁금하지 않니? 많고 많은 색 가운데 왜 하필 보라가 강한 권력과 높은 권위를 나타내는 색이 되었을까 말이야.

의외로 답은 간단했어! 그건 바로 보라색이 만들기 어려운 색이었기 때문이야. 당시 보라색 염료는 '티리안 퍼플'로 불렸는데, 지중해에서 자라는 무렉스 브란다리스라는 고둥에서 얻었다고 해. 그런데 9천 마리 무렉스 브란다리스에서 얻을 수 있는 티리안 퍼플은 겨우 1g 정도밖에 되지 않았대. 그러니 그 귀한 보라색 염료로 물들인 옷감은 비쌀 수밖에 없었고, 지체 높고 부유한 사람들만이 겨우 입을 수 있었던 거지.

로마 시대에는 염료 생산이 국가의 중요한 비밀이었어. 특별히 보라색 염료는 국가가 운영하는 공장에서만 만들 수 있었고 보라색 비단은 로마 황실에서만 사용할 수 있었어. 로마 제5대 황제이자 폭군으로 이름난 네로 황제 알지? 그분은 자기 이외에 보라색을 쓰는 자는 모두 사형에 처하도록 하는 법까지 만들었다고 해. 게다가 로마 제국 황제 샤를마뉴는 티리안 퍼플로 염색한 망토를 걸치고 무덤에 묻혔다지. 어때? 당시 보라색의 위세가 얼마나 대단했을지 짐작이 되고도 남지?

이게 바로 샤를마뉴가 무덤에 묻힐 때 두른 천이라고!

직업을 대표한 파랑

잠깐! 노랑 몬스터, 보라 몬스터! 너희들 지금 모두가 평등한 민주주의 시대에 살면서, 그 옛날 신분제 사회에서 최고 대우를 받았다고 자랑하는 거니?

나 블루, 파랑 몬스터는 남녀노소를 가리지 않고, 전 세계적으로 큰 사랑을 받는 인기 컬러란 말씀이야! 무슨 근거로 이런 말을 하느냐고? 여기 이 포스터를 봐! 이 포스터로 말씀 드릴 것 같으면, 세계적으로 유명한 청바지 브랜드 광고 포스터 되시겠다!

1850년대 미국 서부에는 금을 캐려고 몰려든 사람들 때문에 천막촌이 생겨났어. 이때 사업가 리바이 스트라우스는 천막 천을 팔아 돈을 벌고 있었지. 그런데 어느 날 엄청난 양의 천막 천 납품 주문이 취소된 거야. 빚더미에 앉을 위기에 처한 그 순간, 그의 눈에 광부들의 너덜너덜 해진 작업복이 눈에 들어왔다지. 그리고 납품처를 잃고 쌓여 있던 질기고 튼튼한 천막 천도 동시에 떠올랐어. 그는 곧 천막 천으로 바지를 만들었는데, 광부들에게 폭발적인 인기를 얻었던 거지. 이 바지가 바로 청바지! 광고 포스터 모델이 입고 있는 바지야.

맞아! 현재 평상복으로 즐겨 입는 청바지가 본래 광부들의 작업복이었던 거야. 그래서 광부처럼 공장이나 건설 현장 등에서 몸을 쓰면서 일하는 사람들을 가리켜 '블루칼라(Blue-collar)'라고 해. 다름 아닌 청바지를 입은 광부 모습에서 유래했다고 볼 수 있지. 어때? 청바지의 인기, 다시 말해 나 파랑의 인기가 얼마나 대단한지 알겠지? 이렇게 특정한 일을 하는 사람들 전체를 상징하는 색이기도 하니 말이야.

순수의 상징, 하양 웨딩드레스

파랑 몬스터! '화이트칼라(White-collar)'는 들어 봤어? 주로 책상에 앉아 일을 하는 사람들을 가리키는 말이잖아. 나 하양 또한 너처럼 특정한 일을 하는 사람들을 상징하는 색이라고.

하지만 난 너희들이 나의 옷, 이 웨딩드레스에 집중해 줬으면 좋겠어. 설마, 이 옷을 모르진 않겠지? 그런데 왜 신부의 드레스는 하얀 걸까? 너희들 생각해 본 적 있니? 나도 파랑 몬스터처럼 그림을 하나 준비해 왔어. 자, 여길 봐 봐.

이 그림은 1840년 영국의 빅토리아 여왕의 결혼식 장면을 옮긴 거야. 그림 한가운데 새하얀 얼굴에 하양 웨딩드레스를 입고 있는 신부가 바로 빅토리아 여왕이야. 그녀는 열여덟 살에 여왕으로 즉위해 독일의 알버트 공작과 결혼했어. 유럽 전체 사람들의 관심이 집중될 정도로 결혼식은 무척 성대하고 아름답게 치러졌어. 그림과는 다르게 실제 결혼식장은 전체가 하얗게 꾸며졌대.

당시 하얀 옷감은 표백 과정을 거쳐야 만들 수 있어서 매우 귀했을 뿐만 아니라, 관리하기가 힘들어 더더욱 평상복으로는 입기 힘들었지. 때가 타기 쉬운 반면, 지금처럼 효과 좋은 세탁 세제도 없었으니 말이야. 하지만 빅토리아 여왕의 눈부시게 새하얀 웨딩드레스의 아름다움에 사로잡힌 유럽 왕실에서는 이날 이후 하양 웨딩드레스를 입는 것이 유행했대. 이 문화가 전 세계로 퍼지게 된 거고 말이야.

물론 중세 시대 귀족 신분의 신부는 빨간색 웨딩드레스를 입기도 했어. 당시 빨간 염료는 값이 비쌌기 때문에 빨간색 옷이 곧 고귀함을 드러냈거든. 또 나라와 시대별로 다양한 색상과 형태를 띤 웨딩드레스가 등장했어. 하지만 하얀색이 '순결'의 이미지를 담고 있다는 문화적 인식까지 더해져 웨딩드레스를 대표하는 색이라는 명예를 굳건히 지키고 있는 것 같아.

새하얀 웨딩드레스는 빅토리아 여왕이 유행시킨 셈이지.

장례식 때 입는 검정

잠깐! 선생님! 저도 빅토리아 여왕 이야기를 과제로 다뤘어요. 우리 검정 몬스터 역사에도 그녀가 등장하더라고요. 빅토리아 여왕과 성대한 결혼식을 올린 알버트 공은 1861년, 마흔두 살의 젊은 나이로 세상을 떠나요. 그러자 빅토리아 여왕은 남편의 죽음을 슬퍼하며 이후 검정 옷만 입었다고 해요. 여기 사진처럼 다섯 명의 딸들도 모두 검은 드레스를 입고 애도 기간을 지냈고요. 뭔가 익숙한 장면이 떠오르지 않나요?

바로 장례식장에서 만날 수 있는 사람들의 옷차림이에요. 요즘도 유족뿐만 아니라, 이들의 슬픔을 나누고 위로하기 위해 장례식장을 찾는 조문객들의 옷은 대부분 검은색이잖아요.

장례 때 검정 옷을 입는 건 죽음이 슬퍼서라기보다 죽음이 두려워서라고 해요. 아주 먼 옛날 서양에서는 죽은 영혼이 산 사람을 알아보면, 그 사람의 영혼을 데려간다고 믿었대요. 그런데 산 사람이 검은색 옷을 입으면 죽은 영혼이 못 알아본다고 해서 검은색 옷을 입는 게 풍습이 됐다는 이야기도 있어요.

물론 문화마다 다르기도 해요. 대한민국에서는 장례를 치를 때 전통적으로 삼베옷을 입었어요. 신라의 마지막 왕 경순왕의 아들 마의태자가 백성이 입던 삼베옷을 입고 나라 잃은 슬픔을 애통한 데서 유래했다고 하죠. 또 고대 이집트에서는 노란색 옷을, 고대 로마에서는 어두운 파란색 옷을 입었다고 해요.

죽음도 이야기한 하양

선생님! 저 아직 발표할 게 남았어요. 검정 몬스터 발표에 이어서 해 볼게요. 저도 검정 몬스터처럼 '죽음'과 관련된 이야기인데요. 중국, 인도, 에티오피아, 대한민국, 중동 등 세계 많은 지역에서 죽은 사람에 대한 존경을 표현할 때, 하얀색을 사용했다고 해요.

오래된 인도 전통 가운데 하나가 남편을 먼저 저세상으로 보낸 부인은 남은 생애 동안 하얀색 옷만 입어야 하는 거래요. 또 중세 시대 유럽의 상복은 하얀색이었고요.

고대로 거슬러 올라가도 죽음과 관련해 하얀색을 사용한 흔적들을 찾아볼 수 있어요. 이집트에서 장례 의식을 진행할 때 사제들은 하얀색 예복을 입었지요. 미라를 만들 때, 시체를 꽁꽁 싸맬 때도 하얀색 천을 사용했다지요.

오늘날 시신을 감싸는 수의에도 하얀색 계열의 옷감을 주로 사용하는데, 이 모든 것이 하얀색으로 죽은 사람에 대한 예를 표하는 것으로 볼 수 있다고 해요.

여러분이 발표한 것처럼, 색마다 오랜 시간을 거치며 저마다의 전통과 역사를 지녀 왔답니다. 문화에 따라 색의 의미와 상징이 같기도 하고 다르기도 하다는 것이 참 재미있죠? 앞으로도 어떤 시대, 어느 나라의 역사와 문화를 공부할 때, 또는 영화나 드라마, 그림책을 볼 때, 왜 하필 이 색일까? 질문을 던져 보길 바라요.

·· 도전! 빈칸 채우기 ··

색깔 있는 말! 말! 말!

— '소 잃고 외양간 고친다.', '우물에서 숭늉 찾는다.' 등 전래동화나 어른들의 대화에는 속담이 자주 등장해요. 속담에 담긴 뜻풀이를 들여다보면 조상들의 지혜와 유머를 동시에 엿볼 수 있죠. 속담을 비롯해 일상에서 흔히 사용하는 관용구에는 '색과 관련된 글자나 표현도 심심치 않게 등장한답니다.

① □□□거짓말

▶ 불을 보듯 뻔히 드러날 만한 터무니없는 거짓말

② □신호

▶ 위험한 상태에 있음을 알려 주는 낌새를 비유적으로 나타내는 말. 반대말은 청(靑: 푸를 청)신호

③ □자

▶ 수입보다 지출이 많아서 생기는 손해를 이르는 말로 장부에 기록할 때 붉은 글자로 기입한 데서 유래했다. 반대말은 흑(黑: 검을 흑)자

④ 일편□심

▶ 한 조각의 붉은 마음이라는 뜻으로, 진심에서 우러나오는 변치 않는 마음을 이르는 말

⑤ 같은 값이면 □□치마

▶ 같은 조건이라면 자신에게 유리하고 좋은 것을 택한다는 의미의 속담

⑥ 하늘이 □□□.

▶ 지나친 걱정이나 어려움으로 기력이 약해진 상태를 나타내는 말. '하늘이 캄캄하다.'와 비슷하게 사용된다.

⑦ □□은 동색

▶ 풀색과 녹색이 같은 색이라는 뜻으로, 처지가 같은 사람들끼리 한패가 되는 경우를 비유적으로 이르는 말

⑧ 서슬이 □□□.

▶ 서슬은 칼날이나 유리 조각처럼 날카로운 부분을 가리키는데, 이 부분이 아주 위험하다는 뜻으로 권세나 기세가 매우 대단함을 의미한다.

⑨ □심

▶ 엉큼하고 악한 욕심이 많은 마음

⑩ □출어□

▶ '쪽에서 나온 푸른색이 쪽빛보다 더 푸르다.'는 뜻으로, 제자가 스승보다 더 나음을 뜻하는 고사성어. 쪽빛은 쪽이라는 식물에서 뽑은 천연 염료로 짙은 푸른빛을 띤다.

⑪ □□논리

▶ 흑과 백, 선과 악 등 두 가지 관점으로만 구분하고, 그 외의 것은 인정하지 않는 치우친 사고방식이나 논리

⑫ 숯이 □□ 나무란다.

▶ 허물이 큰 사람이 자기 허물은 생각하지 않고 남의 작은 허물을 흉보는 상황을 비유적으로 이르는 속담

⑬ □미

여럿 중에서 가장 뛰어난 사람이나 물건을 이르는 말로, 중국의 마씨 형제 중에서 눈썹이 하얀 마량이 가장 뛰어났다는 데서 유래했다.

정 답

① 새 발의 피
② 조 간호(干: 막을 간)
③ 조 자(字: 글자 자)
④ 갑론 을 (甲: 갑옷 갑)
⑤ 둘도 없는 단 하나 뿐이다
⑥ 우물이 돌이다.
⑦ 죽은 놈 웅변
⑧ 사랑이 뿌르 니다(싸다니다).
⑨ 특 자(特: 특별할 특)
⑩ 갈팡이 팔 (팡: 헤맬 황, 품: 머뭇거릴 광)
⑪ 혹백 논리(黑: 검을 흑, 白: 흰 백)
⑫ 숯이 검정 나무란다.
⑬ 백미(白: 흰 백)

•• 차이를 말하다 ••

특명, 피부색을 찾아라!

─── 외계인의 존재를 믿나요? 그들은 어떤 모습을 하고 있을까요? 인간과 닮았을까요? 외계인이 있다면, 그들 또한 지구에 살고 있는 인간에 대해 궁금한 것이 많지 않을까요? 하양 행성 창백한 대장은 지구인의 다양한 피부색이 신기했나 보네요. 창백한 대장과 백지장 박사의 이야기를 들어 볼까요?

선서!

나, 하양성의 용맹스러운 군인, 창백한 대장은

지구인 전문가 백지장 박사와 함께

황제의 부름을 받아 지구로 출발한다.

우리의 임무는 지구인 피부의 구조와 원리를 연구하여

하양 행성 국민들이 좀 더 아름다운 피부색을 지니게 하는 데 있다.

돌아오는 그날까지 성실하게 임무를 수행할 것을 굳게 다짐하는 바이다.

충성!

피부색의 비밀, 멜라닌의 발견

하양성을 떠난 지 사흘째 되는 날 겨우 육지에 다다랐다. 여기가 지구인 건 틀림없겠지? 내가 쉬지 않고 날아온 우주선을 점검하는 사이, 백지장 박사는 슬그머니 사라졌다 여러 시간이 지난 후에야 숨을 헐떡이며 달려왔다.

"헉헉, 대장. 저희가 잘 찾아온 거 같습니다. 이곳은 대한민국이라는 나라, 부산이라는 도시, 그중에서도 가장 유명한 해운대 해수욕장이라고 합니다."

"해수욕장? 아, 지구인들이 물놀이를 즐긴다는 바닷가 말인가?"

"맞습니다. 여기서 조금만 더 가시면, 엄청나게 많은 지구인들이 바다에 빽빽하게 떠 있는 신기한 광경을 볼 수 있습니다. 확인해 보시죠."

백지장 박사를 따라가니 과연 하양성 국민보다 몇 배는 더 많아 보이는 지구인들이 와글와글 모여 있었다.

"정말 신기하고도 재미있는 광경이로군."

넋을 놓고 구경할 때가 아니었다. 우리는 재빨리 지구인의 눈에 우리가 보이지 않게 바꾸었다. 그리고 그들에게 바싹 다가가 피부를 본격적으로 관찰하기 시작했다.

"세상에! 내 평생 처음 보는 색이로군. 안 그런가, 백지장 박사?"

"하양성에서는 절대 볼 수 없었던 피부색인 것만은 확실합니다!"

"그런데 특별한 문양이 그려진 지구인도 있군그래. 저것 보게. 신발 모양, 민소매 티셔츠 모양, 팔찌나 시계 모양 문양이 보이지 않나?"

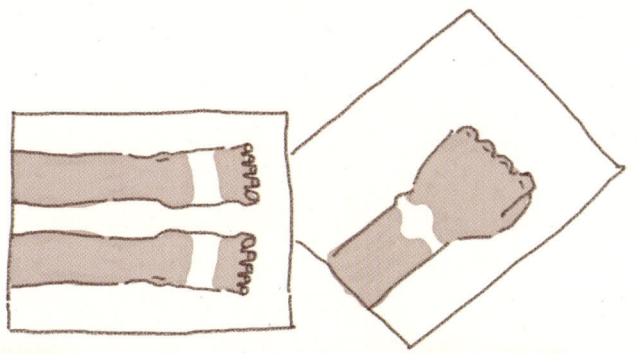

"하! 하! 하! 하! 대장님, 그건 문양을 그려 넣은 것이 아니라 햇볕에 그을려 그런 겁니다. 지구인들은 보통 '햇볕에 타다.'라고 표현을 하는데, 햇볕에 노출된 부분은 타고, 옷이나 신발, 시계나 팔찌, 반지 등으로 가렸던 부분은 타지 않아서 생긴 현상으로 보입니다. 타지 않은 곳은 본래의 피부색을 유지하고 있다 보니 마치 문양을 그린 것처럼 보이는 거죠. 저것 보십시오. 지구인의 손바닥과 발바닥도 손등이나 발등의 색과 다르죠? 손바닥이나 발바닥은 손등이나 발등에 비해 햇볕을 적게 받다 보니, 본래의 피부색을 유지하고 있는 것으로 보입니다."

"호오, 역시 백 박사야……. 데리고 오길 잘했군. 그렇다면 지구인의 피부색은 햇볕과 아주 깊은 관련이 있는가 보군?"

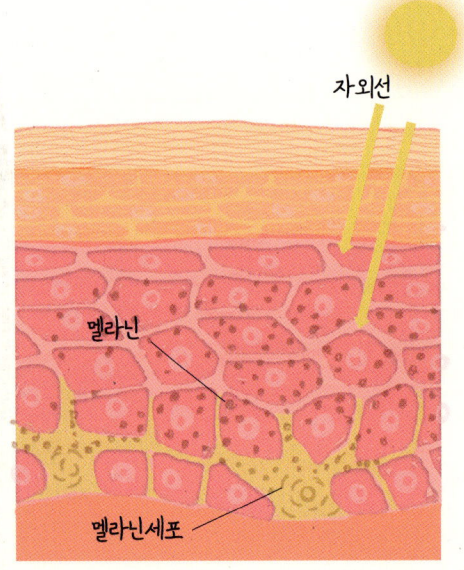

"조사한 바에 따르면 그렇습니다. 제가 발명한 이 속보여 안경을 써 보시겠습니까? 지구인의 피부 속이 훤히 다 들여다보일 겁니다. 대장님! 흑갈색의 작은 점들이 보이십니까? 그건 '멜라닌'이라 부르는 색소입니다. 피부가 햇볕을 많이 받으면, 좀 더 자세히 말해 자외선을 많이 받으면, 피부 깊은 곳에 있는 멜라닌세포가 멜라닌을 만들어 피부 위쪽으로 올려 보냅니다. 피부를 보호하기 위해서 말이죠."

"자외선을 많이 받을수록 피부 표면으로 멜라닌이 많이 올라와서 피부색이 어두워진다는 거로군. 멜라닌 색소가 흑갈색을 띠고 있으니 말일세."

"맞습니다, 대장님. 역시 이해가 빠르시군요."

"뭐. 새삼스레. 그런데 자외선이라는 게 피부에 위험한 것인가? 멜라닌이 보호를 해야 할 정도로 말이세."

"지구인은 적당한 양의 자외선을 쐬어야 합니다. 뼈를 튼튼하게 하는 영양소 비타민D를 만드는 데 필요하고, 살균 작용도 하기 때문이죠. 하지만 뭐든 과하면 위험한 법이죠. 자외선에 많이 노출되면 피부 노화가 빨리 오고 화상을 입거나 피부암에 걸릴 수도 있다고 합니다. 그래서 피부가 자외선을 받는구나 싶으면, 피부 표면에 올라온 멜라닌이 자외선을 일정량 흡수하거나 분산시켜서 피부 깊숙이 침투하는 것을 방지하고 보호하는 것입니다."

"해가 비추는 지구에 사는 사람들에게 멜라닌 색소는 아주 중요한 역할을 하는군. 그런데 비도 안 오는데, 여긴 왜 이리 큰 우산들을 펴 놓고 있는 것이오?"

"대장님, 하나를 아셨지만 둘은 모르시나 봅니다. 햇볕에 오래 노출되는 것이 피부 건강에 좋지 않다고 하지 않았습니까? 저 우산이 그늘을 만들어 주니 그 아래에 들어가 따가운 햇볕을 피하는 거 아니겠습니까? 특별히 피부가 까맣게 타는 게 질색인 지구인이라면 더욱 우산 밑에 숨어 있고 싶겠지요."

지구인의 다양한 피부색

"어허! 잠깐, 지금 나를 무시한 것인가? 나도 그럴 거라고 짐작은 하고 있었지만, 혹시나 백지장 박사가 모르지 않을까 해서 확인한 것뿐이라오. 그나저나 백지장 박사 저길 보게! 저 지구인은 피부가 유난히 하얗군. 그리고 그 옆의 지구인은 엄청 까맣군!"

"앗! 제가 감히 대장님을 어떻게 무시하겠습니까! 이렇게나 관찰력이 뛰어나신데 말입니다. 저도 사실 저 지구인들을 예의 주시하고 있었습니다."

"보시다시피 지구인은 피부색이 모두 다릅니다. 그 차이가 미묘한 경우도 있지만 저들처럼 확연히 구분되는 경우도 있죠.

제 연구에 따르면 지구인들은 '인종'이라는 단어를 사용해 자신들을 구분한다고 합니다. 이때 타고난 피부색이 인종을 구분하는 기준이 되는데, 대략적으로 피부가 검으면 흑인종, 하야면 백인종, 노란빛을 띠면 황인종이라고 한다고 합니다.

자, 이 지도를 보시겠습니까?"

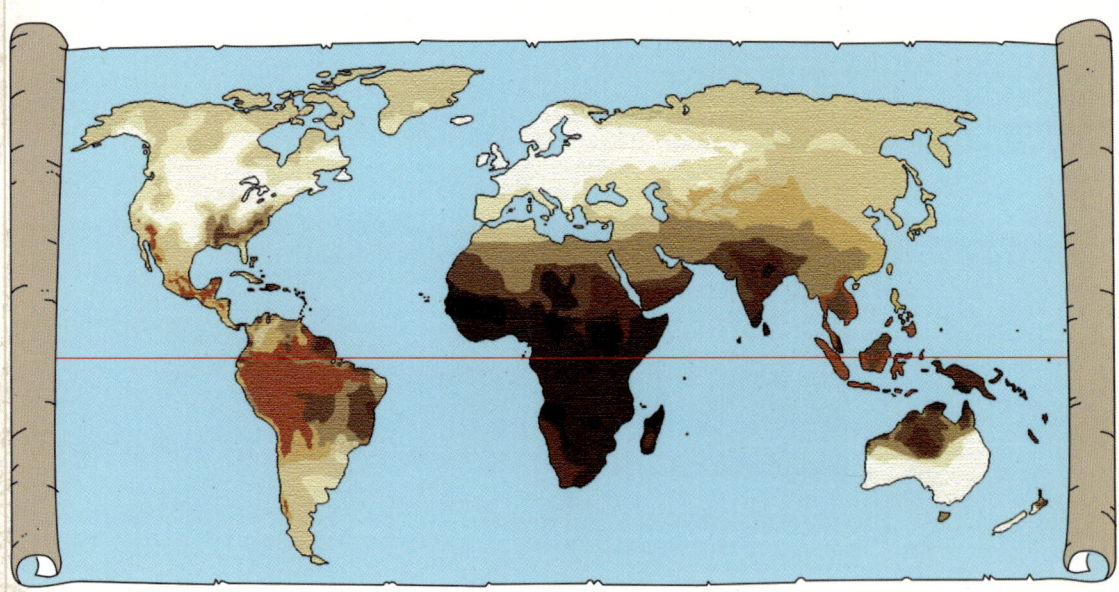

"이건, 그렇게도 희귀하다는 둥그런 지구를 펼친 모습을 평면에 옮긴 지도잖소?"

"맞습니다! 정말 어렵게 구했죠. 특히 이 지도는 피부색 분포를 보여 줍니다. 색의 진하기가 피부색의 진하기 정도를 나타낸다고 보시면 됩니다."

"여기 붉은 선이 위도의 기준이 되는 적도로군. 음……, 적도를 중심으로 보니 특별히 적도 가까이에 피부색이 어두운 지구인이 모여 사는 것 같소?"

"역시, 대장님께서는 안목이 높으십니다. 이 지도를 보아 짐작할 수 있듯이 대륙이나 나라 등 지역마다 피부색이 다르게 나타나는 것은 우리가 줄곧 이야기하고 있는 자외선과 관련지어 설명할 수 있습니다.

지구에 내리쬐는 태양, 정확히 말해 자외선의 강도와 양, 노출 시간에 따라 피부색이 형성되고 유전되는 데 영향을 준 것으로 해석하는 것이죠.

아프리카처럼 태양 빛이 매우 강하고 노출 시간 또한 긴 곳에서는 멜라닌세포가 멜라닌을 많이 만들어 피부 표면으로 올린 결과 피부색이 까맣게 된 거라는 겁니다. 반면 북극처럼 자외선이 약하고 해가 비추는 시간이 짧은 지역에서는 멜라닌이 많이 만들어지지 않는 환경이니 만큼 멜라닌이 피부 표면에 거의 없는 하얀색 피부가 많은 거겠지요? 그래야 짧은 시간에 자외선을 많이 받아들이는 데 유리할 테니까요."

"그러니까 피부색으로 어떤 인종이 우월하다든지, 아름답다든지 하는 평가는 적절하지 않겠군. 피부색이란 게 환경이나 건강과 밀접한 관련이 있으니 말이오."

"아주 중요한 말씀을 하셨습니다! 우리 하양성 국민의 창백한 피부색도 나름 이유가 있지 않겠습니까? 하양성으로 돌아가면 당장 연구를 시작하겠습니다.

아, 한가지 더 피부색이 다양할 때 발생할 수 있는 사회적 문제도 살펴봐야 합니다. 오늘날은 지구의 교통과 통신이 워낙 눈부시게 발달하다 보니, 인종별로 모여 살던 옛날에 비하면 전 세계에 골고루 퍼져 섞여서 살고 있습니다. 하지만 얼마 전까지도 소위 피부색에 따른 '인종 차별'이 있었다고 합니다."

피부색으로 사람을 차별했다고?

"아하! 역시나 피부색에 따라 차별을 했던 거로군."

"그렇습니다. 과거 미국이라는 나라에서는 흑인 노예제도가 있었다고 합니다. 유럽에 살던 지구인들이 아메리카 대륙, 지금의 미국을 발견한 후, 그곳에 살고 있던 원주민을 노예 삼아 금과 은을 캐서 돈을 벌었다고 합니다.

그러다 금광이 바닥나자 농사를 짓기 시작했는데 전염병이 돌아 많은 사람들이 목숨을 잃는 일이 벌어집니다. 당장 일손이 부족해지자, 유럽 사람들은 아프리카 대륙에 살던 흑인을 데리고 올 궁리를 합니다. 그러자 이른바 노예 상인들이 등장해 아프리카의 흑인을 사냥하듯 잡거나 추장들을 통해 흑인을 사들인 다음, 아메리카 대륙으로 건너가 팔기 시작했다고 합니다. 이러한 노예무역이 활발해지면서 노예 상인들은 큰돈을 벌어들였다고 합니다."

"아니, 노예무역이라니! 아무리 돈에 눈이 멀었어도 그렇지. 사람을 파는 사람도, 사람을 사는 사람도 도무지 이해할 수 없군."

"하지만 이런 끔찍한 노예무역은 1500년대 즈음부터 1800년대까지 무려 300여 년이나 계속되었다고 합니다. 그 사이 노예선이 실어 나른 아프리카 흑인들은 4천 만 명에 달했고요. 대장님, 이 사진 좀 보시겠습니까?"

"이게 다 무언가? 참외를 반으로 가른 것인가? 아님 오이?"

"노예선 내부 모습입니다. 여기 점처럼 보이는 부분을 자세히 보십시오. 바로 사람, 당시 흑인 노예입니다. 한 명이라도 더 데려가서 팔려고, 마치 물건 쌓듯 사람을 이렇게 따닥따닥하게 붙여 태운 겁니다. 손과 발은 쇠사슬에 묶인 채 옴짝달싹 못한 상태여서 이동 중에 목숨을 잃은 노예도 많았다고 하죠."

"음……, 지구인들 그렇게 안 봤는데 아주 잔인한 면이 있군그래."

"다행히 잔인한 지구인들만 있는 건 또 아닙니다. 노예제도는 결국 사라지거든요. 그러나 그

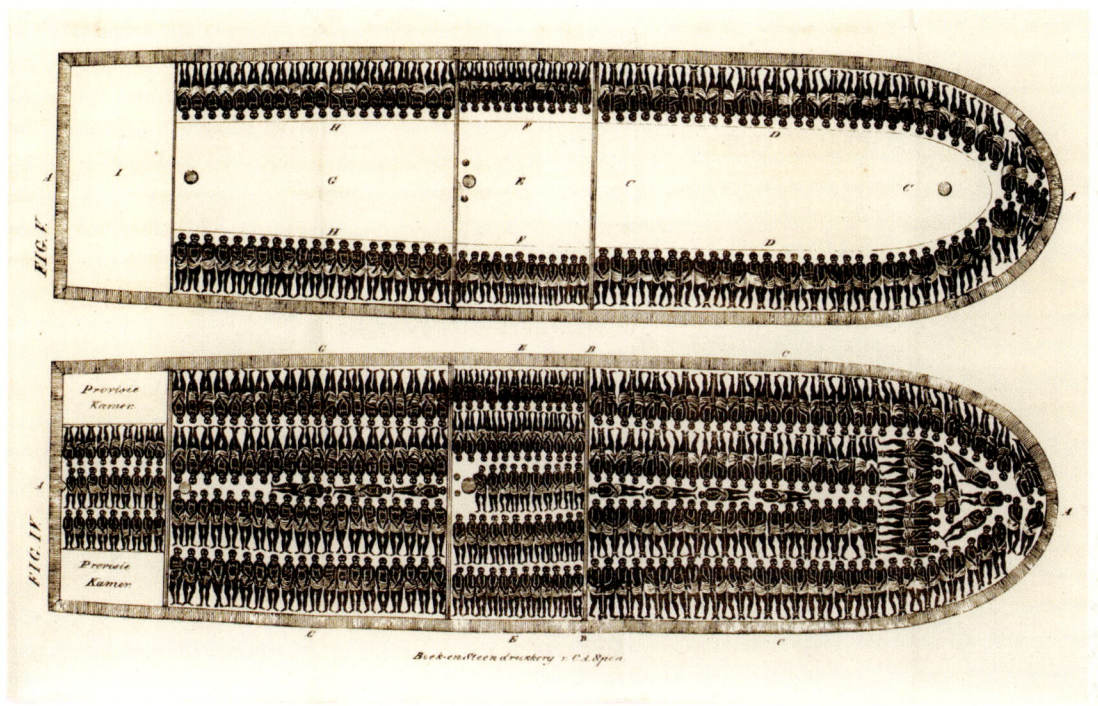

렇게 되기까지 전쟁을 치러야 했습니다. 미국의 북부와 남부가 노예제도를 두고 완전히 반대 의견을 보였거든요. 농업이 발달했던 남부는 흑인을 노예 삼아 맘껏 노동력을 착취할 수 있는 노예제도에 찬성했어요.

반면, 공장이 많았던 북부는 노예로 묶인 흑인이 자유로운 몸이 돼야 공장의 일손을 늘리고 그만큼 싼값에 노동력을 살 수 있을 테니 노예제도 폐지를 주장했죠.

노예제도 말고도 무역, 정치, 산업 분야 전반에 걸쳐 갈등이 많던 남부와 북부는, 1860년 에이브러햄 링컨이 북부의 지지를 얻어 대통령으로 당선되자 결국, 남북전쟁을 일으킵니다. 남북전쟁은 4년이나 지속되었는데, 북부가 위기에 몰리자 링컨 대통령은 노예 해방을 선언합니다. 그리고 남부에서 탈출한 흑인 노예들이 북부 군대를 지원하면서 전쟁은 북부의 승리로 끝나게 됩니다."

"피부색으로 차별하지도, 차별받지도 않는 세상이 온 거군."

"그렇지 않습니다. 노예제도가 공식적으로 폐지되었을 뿐, 흑인은 여전히 값싼 노동력이었고 갖은 테러와 폭력에 시달려야 했습니다. 남부에서는 특히 백인과 흑인의 차별이 두드러졌습니다. 버스를 비롯해 공공시설이나 기관의 좌석, 화장실, 심지어 인도까지도 백인과 흑인이 사용하는 영역을 구분 지을 정도였습니다.

이 사진을 보시겠습니까? 'colored'라는 팻말이 보이시죠? 흑인을 가리키는 겁니다. 이처럼 식수대조차도 백인과 흑인이 함께 사용할 수 없도록 생활에 차별을 두고 분리하려고 했던 겁니다.

미국에서 흑인은 노예제도가 폐지되고 100년이 지나서야 비로소 정치에 참여할 수 있는 권리를 얻었습니다. '참정권' 곧 투표를 할 수 있는 권리가 생겼다는 거죠. 지구인들 사이에서는 피부색에 따른 차별의 역사가 이토록 깁니다. 예전에 비하면 이러한 차별이 거의 사라졌다고는 하지만 완전히 사라진 것 같지는 않습니다."

"그렇게 생각하는 이유라도 있소?"

"당연히 있습니다. 제가 조사한 바로는 지구인들 건강에 아주 중요한 멜라닌이 부족해서 나타나는 병이 있었습니다. '백색증'이나 '알비노'라고 부르는 이 병을 앓는 환자들은 인종에 상관없이 피부, 머리카락, 눈썹이 새하얗다고 합니다. 여기 이 사진 속 아이처럼 말이죠."

"그래? 피부를 보호할 멜라닌이 부족하니, 무엇보다 햇볕에 화상을 입거나 피부암에 걸리기 쉽겠군. 또 몸에 필요한 자외선을 맘 놓고 쬐지 못해 얻는 질병도 있을 수 있겠고."

"맞습니다. 게다가 외부로부터 생명의 위협을 받을 때도 있다고 합니다. 흑인이 인구의 대부

분을 이루고 있는 아프리카에서는 피부가 하얗다는 이유로 백색증 환자가 차별을 당하거나 목숨이 위태로운 경우가 많다고 합니다. 또 몇몇 나라에서는 알비노 환자의 신체 일부가 행운을 가져다준다는 미신 때문에 어린 알비노 환자들의 팔다리가 괴한들에게 잘려 나가는 끔찍한 일이 벌어지기도 한답니다."

"아니! 피부색 때문에 오랫동안 차별받은 흑인이 피부색으로 사람을 차별하고 공격한단 말인가? 정말 알 수 없군. 그렇다면 백인과 흑인 사이에만 이런 차별과 갈등이 있는 것인가?"

"아닙니다. 황인종이 주를 이루는 아시아, 여기 대한민국에도 피부색으로 사람을 차별한다고 합니다. 특히 백인과 백인이 아닌 사람을 대하는 태도가 다르다고 합니다. 대한민국 사람에게 백인과 동남아시아인이 길을 묻는 실험을 했더니, 백인에게 훨씬 더 친절히 안내해 주더라는 결과가 나왔다고 합니다."

"백지장 박사! 우리 지구인들의 피부색 연구는 여기서 끝냅시다. 더 이상 하지 않아도 될 것 같소. 지구인들의 피부색이 차별을 만들고 우위를 가려 갈등을 만들어 낼 위험이 있다면, 우리 하양성 국민들은 지금 이대로 사는 게 좋겠다고 보고합시다! 그리고 지구인들 사이에서 피부색으로 사람을 차별하는 일이 완전히 사라지길 두 손 모아 빕시다."

한 방울의 법칙

미국 제44대 대통령 버락 오바마를 따라다니는 수식어는 '미국 최초의 흑인 대통령'이다. 대통령이라고 해서 인종 차별이 그를 피해 가지 않았던 듯하다. 영부인이었던 미셸 오바마는 백악관에서 지내는 8년 동안 인종 비하 발언 때문에 상처를 받았다고 고백했다. 그런데 사실 오바마 대통령은 백인 어머니와 흑인 아버지 사이에서 태어난 혼혈이다. 그런데 왜 그를 '흑인'이라고 부르는 것일까?

여기 알아두면 도움이 될 만한 역사적 배경이 있다. 노예가 해방된 이후에도 미국은 어디에서도 흑인을 받아들이지 않았다. 특히 남부에서는 백인과 흑인을 분리하는 정책을 강하게 펴면서 어디까지를 흑인으로 정할 것인가에 대한 문제가 나타났다.

남부 백인들은 '백인 이외의 다른 인종의 피가 한 방울이라도 섞이면 백인이 아니다.'고 정했다. 이것이 '한 방울의 법칙(one-drop rule)'이다. 오랫동안 인종차별을 뒷받침하던 이 법칙은 1967년 연방대법원이 이 법칙에 기반한 흑백결혼금지법을 위헌으로 판결하면서 폐지되었지만 여전히 미국 사회에 영향을 끼치고 있다.

하지만 최근에는 미국인의 생각이 점점 바뀌고 있다고 한다. 2014년 워싱턴포스트 등 미국 언론에서 설문조사를 한 결과, 응답자의 52%가 오바마 대통령을 혼혈이라고 답했고, 27%가 흑인이라고 응답했다고 한다.

흑인과 백인, 순수 혈통과 혼혈.
지구인들에게는 굉장히 중요한 문제인가 보다.
언젠가 지구를 다시 방문했을 때, 부디 피부색으로 인한 차별 없이,
다양한 피부색의 지구인이 평등하게 어울리는
모습을 볼 수 있길 기대해 본다.

'살색'이 사라지다

고교생들이 특정 인종의 피부색과 유사한 색을 '살색'으로 표기한 것은 차별 행위니 '살색'을 사용하지 말게 해 달라는 내용의 진정서를 국가인권위원회에 제출한 끝에 바로잡겠다는 답변을 받아 냈다. 국가인권위원회는 2002년 기술표준원이 정한 '살색'이라는 색 이름은 특정 피부색을 가진 인종에게만 해당되어, 황인종이 아닌 다른 인종에 대해 헌법 제11조의 평등권을 침해할 소지가 있으며 인종과 피부색에 대한 차별적 인식을 확대할 수 있으므로 색 이름을 바꿀 것을 권고했다.

기술표준원은 국민 생활과 관련된 공산품, 전기용품 등의 제품 안전, 기술에 대한 통일된 기준, 정책 등을 담당하는 기관으로 1967년, 일본의 공업 규격에 따른 색 이름을 글자 그대로 번역해 황인종의 피부색과 유사한 특정 색을 '살색'으로 이름 붙였다. 그리고 이에 따라 크레파스나 물감을 만드는 업체는 '살색'이라 표시해서 판매했다.

처음 '살색'은 '연주황'이라고 변경되었다가 물감이나 크레파스 등을 주로 사용하는 어린이에게 '연주황'은 어려운 한자어라고 판단해, 2005년에 '살구색'으로 바뀌게 되었다.

오~ 대한민국 10대는
세상을 바꿀 만큼 멋있군!
그나저나 하양성 국민의 피부색은
뭐라고 해야 할까!
하양성으로 돌아가면,
백지장 박사와 의논해 봐야겠다.

색, 세상을 다스리다

·· 색, 태어나다 ··

세상을 물들이는 발명품

━━ 우리는 색으로 둘러싸인 공간에서 셀 수 없이 다양한 색을 사용하며 살고 있다. 먹고 입는 것을 비롯해 우리가 사용하는 그 모든 것이 색으로 물들어 있다. 어떻게 이것이 가능한 걸까? 특정 색의 옷을 입는 것이 곧 신분을 나타낼 만큼 색을 만들기 어려웠던 시대에서 색을 누구나 자유롭게 다룰 수 있는 시대로 이끈 발명품을 만나 보자.

계란 노른자를 섞어 그린 템페라

크레파스, 사인펜, 색연필, 파스텔 등 그림을 그릴 때 선택할 수 있는 재료는 다양하다. 12색, 18색, 24색, 36색 등 재료에 따라 색의 가짓수 또한 고를 수 있고, 이를 이용해 원하는 색을 손쉽게 표현할 수 있는 세상이다. 만약 왼쪽에 보이는 그림의 오른 편에서 작업을 하고 있는 두 사람이 타임머신을 타고 21세기 세상에 온다면 이렇게 말할 것 같다.

"여기에서는 우리 일자리가 없겠군."

그들은 중세 유럽 화가의 작업실에서 안료로 물감 만드는 일을 하는 조수이기 때문이다. 안료는 색채가 있는 광물을 맷돌에 곱게 갈아 만든 것으로, 당시에는 그림을 채색할 때 안료를 더 곱게 빻은 다음 무화과즙, 벌꿀, 아교, 왁스 등 점성이 있는 용매에 섞어야 했다. 이 시기 가장 많이 이용한 용매는 계란 노른자였다. 이렇게 안료가 일종의 접착제 역할을 하는 용매와 결합해 완성된 물감, 혹은 이것으로 그린 그림을 가리켜 '템페라'라고 한다. 레오나르도 다 빈치의 〈최후의 만찬〉을 비롯해 성서의 인물이나 내용을 담은 종교화 대부분이 템페라다. 템페라를 주로 사용하던 시기, 유화 기법이 사용되기도 했다. 유화는 물감을 기름에 녹여 그린 그림으로, 광택이나 색의 짙고 옅음, 맑고 탁함을 풍부하게 표현할 수 있고 무엇보다 색이 오래 보존된다는 특징이 있다.

끈적끈적한 액체와 돌가루 상태의 안료를 잘 결합시키려면 얼마나 곱게 갈아야 할까? 어느 정도로 섞어야 화판에 제대로 칠해질까? 용매와 안료의 배합을 어떻게 해야 화가가 원하는 색이 나올까? 물감을 만들 때마다 화가와 작업실의 조수들은 이런 고민을 해야 했다. 이처럼 물감을 만드는 일은 수고스러울 뿐만 아니라 시간과 돈 모두 많이 드는 일이었다.

물감을 담은 돼지 방광

19세기에 이르러서야 미술 도구를 비롯해 물감을 전문적으로 만들어 파는 화구상이 등장했다. 그들이 물감을 판매할 때 사용한 용기는 바로 돼지 방광. 화가들도 야외로 그림을 그리러 나갈 때, 유화 물감을 돼지 방광에 담아 나갔다. 하지만 여러 모로 돼지 방광은 물감을 담는 용기로 사용하기 불편했다. 입구를 묶은 부분이 터지거나 찢어져 물감이 새기 일쑤였고, 송곳으로 구멍을 잘못 내면 물감을 짜다 터지는 일도 빈번했다. 또 공기를 완벽히 차단하기 어려워서 한 번 사용한 후에는 물감이 쉽게 굳어 버렸다.

유리 시험관 물감

1832년 과학자 윌리엄 윈저와 예술가 헨리 뉴턴이 물감 제조 회사 윈저앤뉴턴(Winsor & Newton)을 세우고 물감 연구와 개발에 본격적으로 힘쓰기 시작한 후, 1840년 유화 물감 용기로 유리 주사기를 소개했다. 하지만 깨지기 쉬운 재질이라 여전히 돼지 방광 용기의 불편을 완전히 해소해 줄 수는 없었다.

수채 물감의 변신

18세기 이전의 수채 물감은 마치 색이 있는 먹이라고 생각할 수 있다. 먹을 벼루에 갈아 쓰던 것처럼, 고체 비누 형태의 수채 물감 또한 접시에 물을 조금 뿌리고 갈거나, 물에 오랫동안 적셔 부드럽게 녹여 써야 했다. 1766년 영국인 윌리엄 리버스는 고체 비누 형태의 수채 물감을 판매하기 시작해, 여러 번의 개량을 통해 1780년 즈음, 드디어 지금처럼 물에 적신 붓으로 문질러 녹여 쓰는 수채 물감을 만드는 데 성공했다. 1835년 윈저앤뉴턴에서 글리세린을 사용한 수채 물감을 개발한 후, 영국에서는 수채화가 널리 보급됐다.

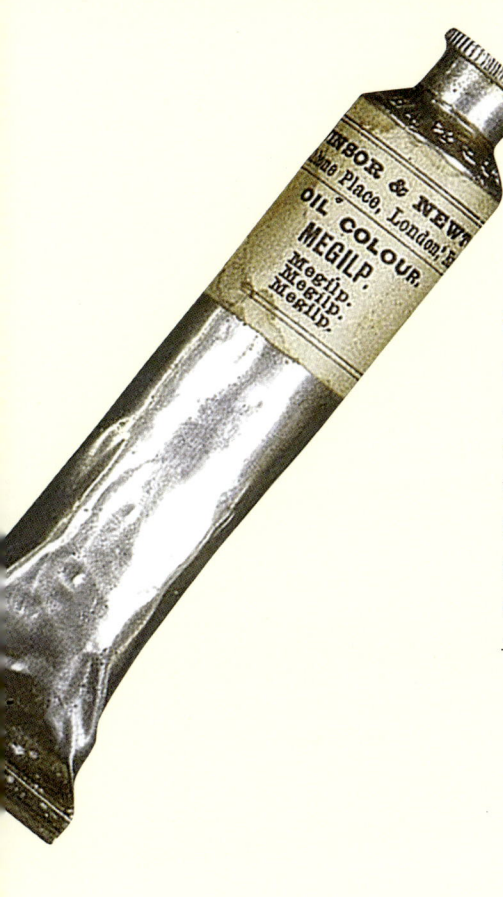

접을 수 있는 금속 튜브

1841년 영국에 거주한 미국 화가 존 고프 랜드는 우리에게 익숙한 주석 튜브를 발명해 특허를 얻었다. 그리고 1846년 윈저앤뉴턴은 튜브 형태의 수채 물감을 대량으로 생산해 판매하기 시작했다. 금속 튜브 형태의 물감은 보관과 휴대가 편하고, 튜브 끝을 접어 눌러 짜내는 방식이라 원하는 양만큼 사용하기 편리했다. 또한 뚜껑이 있어 여러 번 사용해도 물감이 굳는 걱정을 더 이상 하지 않아도 됐다. 1860년대 후반 들어서는 화가뿐만 아니라 일반인들도 튜브형 물감을 쉽게 구해 쓸 수 있게 되었다.

풍성해진 풍경화

튜브형 물감의 발명은 미술 역사에서 획기적인 사건이었다. 특별히 빛의 변화에 따라 달라지는 사물과 자연의 순간적인 색채를 화폭에 담으려 한 프랑스의 인상주의 화가들에겐 놀라운 발명품이 아닐 수 없었다. 르누아르가 "튜브 물감이 없었으면 세잔도, 모네도, 피사로도, 인상주의도 없었을 것이다."라고 말할 정도였다. 튜브형 물감이 발명되기 전에도 풍경화는 존재했다. 다만 야외에서 주로 밑그림을 그리고, 채색은 작업실을 오가며 기억에 의존해 작업해야 했다.

천연염료는 너무 귀해

물체에 색깔이 나타나도록 만들어 주는 물질을 색소라고 하며, 이 색소가 옷감 등 다른 물질에 스며들거나 결합할 수 있을 때 염료라고 한다. 천연염료란 식물, 동물, 광물 등 자연에서 얻은 염료를 말하며, 이를 이용해 색을 들이는 것을 천연 염색이라 한다.

19세기 초까지만 해도 염색이라고 하면 천연 염색이 주를 이루었다. 하지만 천연염료를 얻기란 쉽지 않았다. 붉은색을 내는 '코치닐'이라는 염료 1kg을 얻으려면 선인장에 붙어사는 연지벌레 암컷 10만 마리 이상을, 보라색을 내는 염료인 티리안 퍼플 1g을 얻으려면 지중해에서 고둥 무렉스 브란다리스 1만 마리 이상을 잡아야 할 정도. 남색을 내는 인디고 염료는 인디고페라로 불리는 식물에서 얻을 수 있었는데, 인도에서는 식량을 생산해야 할 경작지에 인디고페라를 재배하는 바람에 백성들의 생활이 어려워졌다고도 한다.

이렇게 천연염료가 귀하고 얻기 어려운 데다, 천연 염색 과정 또한 복잡하고 시간이 오래 걸렸기 때문에 천연염료로 물들인 옷감은 왕족이나 귀족처럼 권력과 돈을 가진 사람들의 전유물이 될 수밖에 없었다.

▎붉은 색을 내는 코치닐 염료를 얻기 위해 선인장에서 연지벌레를 채취하는 사람들

누구나 색을 입는 시대가 왔다

현재 사용하고 있는 3천 500가지에 이르는 합성염료는 1856년 17세 소년 윌리엄 퍼킨의 발견에서 시작되었다. 당시 영국 왕립화학대학에서 공부하고 있던 퍼킨은 퀴닌을 인공적으로 합성하는 실험에 한창 몰두하고 있었다. 퀴닌은 말라리아의 치료제로 동인도에서 자라는 기나나무의 껍질에서만 얻을 수 있었기 때문에, 인공 합성에 성공한다면 인류 전체 질병 치료에 큰 업적이 아닐 수 없었다. 그러나 실험은 전혀 새로운 발견으로 이끌었다. 석탄의 부산물 콜타르에서 추출한 검은색 고체 아닐린에 알코올을 떨어뜨렸더니 보랏빛을 내뿜는 액체로 변하는 게 아닌가!

게다가 이 보랏빛 액체가 묻은 작업복은 빨아도 지워지지 않고, 햇빛에 말려도 색이 변하지 않았다. 퍼킨은 아닐린에서 보라색 염료를 추출하는 실험을 거듭한 끝에 세계 최초의 합성염료 '아닐린 퍼플'을 내놓았다. 그리고 얼마 지나지 않아 분홍빛을 머금은 선명한 연보라색 야생화의 이름 '모브'로 이름을 바꿨다.

패션계에서 1860년대를 '모브 시대'로 부를 정도로 모브의 인기는 대단했고, 윌리엄 퍼킨은 그야말로 돈방석에 앉았다. 모브의 개발과 함께 화학염료공장을 세운 퍼킨은 수많은 과학자와 합성염료 연구 개발에 투자를 아끼지 않았고, 수천 가지가 넘는 합성염료를 세상에 내놓았다. 대량 생산이 가능해진 합성염료는 그만큼 값이 떨어졌고, 합성염료를 이용한 섬유산업도 활기를 띠었다. 이로써 천연염료에 의존해 특정 계층만 색을 독차지했던 시대는 끝나고 누구나 합리적인 가격에 색을 입을 수 있는 시대가 열렸다.

▌퍼킨이 최초로 발명한 합성염료 모브로 염색한 천

내 몸의 색도 바꿔 보자

갈색 머리카락이 부드러운 인상을 준다면, 검은색 머리카락은 다소 차갑고 고집이 센 느낌을 줄까? 사람에 따라 다양한 의견이 있을 수 있겠지만, 머리카락 색이 인상에 영향을 준다는 사실엔 대부분 동의할 것이다.

이 때문일까? 기원전 3000년, 이미 고대 이집트에서는 머리카락을 염색하는 기술이 있었다. '헤나'라는 식물 잎으로 만든 가루나 검은 암소의 피, 거북의 등껍질 등을 기름에 끓여 머리카락에 발랐다는 기록이 있다. 특별히 금발이 탐났던 고대 그리스 여자들은, 검은 머리카락에 잿물을 바르거나 꽃가루, 밀가루, 순금 가루 등을 기름과 섞어 발랐다. 16세기 영국에서는 엘리자베스 1세 여왕의 붉은 머리색을 따라 하기 위해 황과 납을 구워 가루로 만든 다음 석회와 함께 물에 개어 머리카락에 바르기도 했다. 또 19세기 이탈리아에서는 금발 머리를 위해 독한 화학 약품인 카드뮴이나 비소 등을 녹인 물에 머리카락을 담근 뒤 햇빛에 말렸다고도 한다. 이러한 염색 방법은 재료를 얻기도 어렵고 고루 염색되지도 않았을 뿐더러 시간도 오래 걸렸다. 게다가 독극물 중독으로 목숨을 잃기까지 했다.

우리나라에서 염색은 1980년대 후반까지 보통 흰 머리카락을 감추기 위한 수단으로 여겨지다 1990년대 연예인들을 중심으로 다양한 색으로 하는 염색이 유행하기 시작했다. 그리고 오늘날 염색은 성별과 나이를 불문하고 개성을 표현하는 하나의 수단이 되고 있다.

▎색이 점점 다양해지는 염색약은 머리카락을 바꾸어 멋을 내고 싶은 사람들에게 환영받고 있다.

염색은 화학 작용이다

오늘날 우리가 다양한 색으로 짧은 시간에 염색할 수 있는 건 1863년 독일 화학자 호프만이 검은색 염료 파라페닐렌디아민(PPD)을 개발한 덕분이다. 1883년 프랑스의 화장품 회사 모네에서 파라페닐렌디아민을 주성분으로 하는 염색약이 개발된 후 지금까지 널리 사용되고 있다.

머리카락은 어떤 원리로 염색될까? 우선 머리카락 구조를 살펴보자. 머리카락을 현미경으로 확대하면 생선 비늘 같은 층이 보인다. 염색약은 머리카락을 부풀려서 이 생선 비늘처럼 보이는 층이 들뜨게 만든 다음, 머리카락이 지닌 멜라닌 색소를 없애 하얗게 탈색시킨다. 염색약의 주성분 중 하나인 과산화수소가 멜라닌 색소를 없애는 작용을 하는 것. 과산화수소는 상처를 치료할 때 소독약으로 널리 사용하는 바로 그 물질이다. 멜라닌 색소가 사라진 자리를 색을 내는 염료가 대신 메우고 스며들면 머리카락 색이 바뀌게 된다.

흰머리의 경우 멜라닌 색소가 없는 상태이기 때문에 탈색 과정이 따로 필요하지 않지만, 일반적으로 기존의 머리색을 빼고 다른 색을 입히기 위해서는 멜라닌 색소를 없애는 단계를 거친다. 이때 사용하는 염색약에는 강한 화학 성분이 포함되어 있기 때문에 잦은 염색은 머리카락을 손상시키는 것은 물론 알레르기를 일으키거나 두피까지 상하게 할 수 있다. 이에 우리나라를 포함한 많은 나라에서는 염색약에 들어가는 화학 성분의 함량을 엄격히 제한하고 있다.

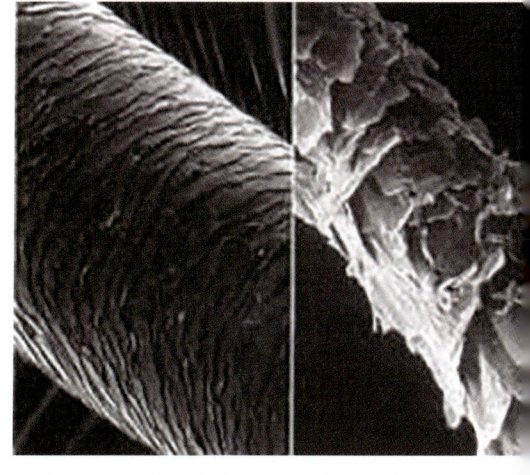

현미경으로 확대해서 본 건강한 모발(왼쪽)과 잦은 염색으로 손상된 모발(오른쪽)

나도 발명왕!

색을 이용해 불편을 편리로 바꿔요

생활 속에서 색을 유용하게 사용할 수 있는 방법에는 어떤 것들이 있을까요? 주위를 세심하게 관찰하고 생각하는 습관 속에서 위대한 발명이 탄생한답니다. 그리고 필요를 강하게 느낄 때 아이디어가 샘솟는 법이죠. 불편을 편리로 바꾸는 도구로 '색'을 이용해 보세요. 실제 발명까지 이어질 수 있을까요? 그건 지금은 알 수 없죠. 일단, 이렇게 저렇게 신나게 상상부터 해 보자고요.

아, 불편해!

☆ 매일 배달되는 우유가 냉장고에 쌓인다. 유통기한을 일일이 확인하는 게 번거롭다. 한눈에 알아보고 유통기한이 빠른 우유부터 마실 방법은 없을까?

아하, 이러면 편리하지 않을까?

▷ 우유팩을 만들 때 신선도에 따라서 색이 변하게 하면 어떨까? 우유가 부패하는 과정에서 발생하는 성분을 분석해서, 그 성분에 반응했을 때 색이 변할 수 있는 재질로 우유팩을 만든다면?

▶ 우유가 배달된 순서대로 빨강, 주황, 노랑, 파랑 포스트잇을 붙여 놓고, 이 차례에 맞춰 우유를 마신다. 신호등 불빛에서 힌트를 얻은 것!

아, 불편해!

★ 책을 읽다 마음에 와닿는 문장, 대사, 그림이 있다. 다시 보고 싶을 때 쉽게 찾을 수 있으면 좋겠다.

여러분의 기발한 아이디어를 적어 보세요.

💬 아, 불편해!

★ 이미 사용한 주사기를 다시 사용한 병원이 있다는 기사를 읽었다. 어떻게 이런 일이 일어날 수 있지? 재사용하는 주사기를 한눈에 알아볼 수는 없을까?

✏️ 여러분의 기발한 아이디어를 적어 보세요.

💬 아, 불편해!

✏️ 여러분이 생활하면서 느낀 불편함을 적어 보세요.

✏️ 여러분의 기발한 아이디어를 적어 보세요.

 색, 맛을 지배하다

냠냠, 색을 먹어요!

―― 오늘 하루, 어떤 음식을 먹었나요? 아침, 점심, 저녁……. 눈 떠서 눈 감을 때까지 내가 먹었던 음식과 그 재료를 차근차근 떠올려 볼까요? 특별히 어떤 과일, 채소, 곡물을 먹었는지, 그 과일, 채소, 곡물의 색이 무엇인지 잘 생각해 보는 거예요. '색'은 우리가 먹는 모든 것과도 깊은 관계가 있다는 것을 알아보려고 하거든요.

컬러푸드를 알면 건강이 보인대요

혹시 '컬러푸드(color food)'라는 말을 들어 봤나요? 이름으로 짐작할 수 있듯이 컬러푸드는 색을 띤 과일이나 채소, 곡류를 가리켜요. 이 단어는 10여 년 전에 미국에서 등장했다고 해요. 햄버거, 피자, 도넛처럼 주문하자마자 빨리 먹을 수 있는 패스트푸드나 데우고 끓이기만 하면 완성되는 인스턴트 식품, 또 육류를 즐겨 먹는 사람들이 점점 많아진 게 이유였어요. 왜냐하면 이러한 음식 대부분이 열량도 높고, 당분과 지방 함량이 많아서 각종 성인병에 걸리거나 비만이 될 위험을 높인다는 것이 알려졌거든요. 그러면서 이러한 질병을 예방하고 또 치료에 도움을 주는 음식으로 컬러푸드가 주목을 받고, 건강을 위해 컬러푸드를 먹자는 운동이 전 세계로 유행처럼 번졌죠.

컬러푸드가 색을 뽐낼 수 있는 건 '피토케미컬(phytochemical)'이라는, 식물이 가지고 있는 고유한 화학물질 때문이에요. 피토케미컬은 식물에게 있어 미생물이나 해충으로부터 자신을 보호할 수 있는 무기로 기능하는 셈인데, 사람 몸에 들어가서도 비슷한 작용을 하지요.

우리가 호흡을 통해 들이마신 산소는 몸에 필요한 에너지를 만드는 동시에, 몸에 좋지 않은 산소인 '활성산소'를 만들어요. 활성산소는 세포를 공격해 노화를 일으키고, 암과 같은 각종 질병의 원인이 되죠. 활성산소에 의해 세포가 노화되는 것을 막는 걸 항산화라고 하는데, 다행히 우리 몸에는 항산화 효소가 있어요. 하지만 나이가 들거나 식습관에 따라 부족할 수 있어서, 항산화 물질을 섭취해야 하죠. 눈치챘군요. 바로 컬러푸드의 피토케미컬은 가장 좋은 항산화 물질이랍니다. 피토케미컬은 알려진 종류만 700가지가 넘는데, 그 가짓수만큼 효능 또한 다양해요. 피토케미컬이 풍부한 컬러푸드의 대표적인 효능을 살펴볼까요?

퍼플 푸드

포도, 가지, 블루베리, 자색 양파, 자색 고구마처럼 짙은 보랏빛을 띠는 과일이나 채소에는 안토시안이 풍부하다. 안토시안은 강력한 항산화 작용으로 몸속 활성산소를 제거해 노화를 방지하고, 눈의 피로를 더는 동시에 시력을 보호하고, 피로를 개선하며, 혈관을 건강하게 한다. 또 중금속을 체외로 배출하며 강력한 살균 작용을 돕는다.

레드 푸드

토마토, 딸기, 석류, 수박, 파프리카, 팥처럼 붉은 빛을 띠는 채소나 과일 그리고 곡물에는 리코펜이라는 피토케미컬이 함유돼 있다. 붉은색을 내는 리코펜은 항산화 작용이 탁월해서 특별히 노화 방지와 암 예방 효과가 높다. 또 상처를 빨리 회복시킨다. 유럽에서는 '토마토가 빨갛게 익으면, 의사 얼굴이 파래진다.'는 속담이 있다. 토마토를 많이 먹으면 건강해져서 아플 일이 없을 만큼, 레드 푸드가 몸에 좋다는 뜻이다.

그린 푸드

시금치, 브로콜리, 케일, 양상추, 오이, 키위 등 초록빛을 띠는 채소에는 엽록소가 풍부하다. 이 물질은 강력한 항암 작용을 하며, 활성산소를 줄이는 데 탁월한 것으로 알려져 있다. 또 엽록소가 풍부한 채소는 칼로리가 낮으면서 섬유질과 영양분이 많아 다이어트 음식으로도 인기가 높다.

옐로 푸드

늙은호박, 바나나, 레몬, 감, 귤, 꿀, 당근 등에는 카로티노이드라는 피토케미컬이 들어 있다. 베타카로틴이나 알파카로틴이라고 지칭하는 성분으로 피부를 환하게 하고, 눈을 건강하게 하며 피로 회복에 좋아서 화장품이나 피로 회복제 성분으로 널리 쓰인다. 베타카로틴은 껍질에 많기 때문에 잘 씻어 껍질째 먹는 것이 좋고, 날 것보다 기름에 볶았을 때 영양가가 더욱 풍부해진다.

화이트 푸드

양파, 마늘, 무, 양배추, 도라지, 인삼, 감자, 배 등 하얀색을 띠는 채소나 과일에는 안토잔틴이라는 피토케미컬이 들어 있다. 안토잔틴은 면역력을 강화시키고, 혈관을 깨끗하게 하며 기관지와 심장을 건강하게 한다.

알록달록 예쁜 식용색소, 먹고 바를 때 조심!

앞에서 언급한 것 이외에도 우리는 자연 속 색을 지닌 수많은 컬러푸드로부터 영양소는 물론, 세포의 노화를 막아 주는 항산화 물질을 섭취할 수 있어요. 어른들이 왜 편식하지 말라고 하는지, 채소를 많이 먹으라고 잔소리하는지 조금은 알 것 같죠?

그런데 주변엔 알록달록한 색상과 귀여운 모양의 젤리와 사탕, 색에 따라 맛도 다른 탄산음료나 아이스크림 등 컬러푸드가 아닌데도 예쁜 색을 뽐내는 먹거리가 많아요. 이러한 가공식품을 만들 때는 원하는 모양, 맛, 색, 향을 내면서 최대한 오래 보관하기 위해 대부분 화학 첨가물을 넣어요. 특히 식용색소는 식품뿐만 아니라 화장품, 치약, 구강 청결제, 약 등에도 들어가는데, 최근 화학 성분이 우리 몸을 공격하고 해치는 일들이 자주 벌어지면서 관심이 높아지고 있죠.

제품명	알록달록 폭신 캔디
제조판매원	CMS 제과, 서울시 서초구 동작대로 23x
유통기한	후면 표기일까지
원재료명	설탕, 물엿, 올리고당, 설탕, 식물성유지, 복숭아 농축과즙(이스라엘산), 정제소금 치자황색소, 치자적색소, 자주색고구마색소, 적색제40호, 황색제5호 ⋮

▌제품 성분 표시에서 어떤 색소를 사용했는지 확인할 수 있다.

혹시 '식품의약안전처'라고 들어 봤나요? 보통 줄여서 '식약처'라 부르는 기관인데 식품, 의약품, 화장품 등의 성분이 안전한지 감시하고 관리하는 일을 해요. 식약처가 허락한 식용색소는 2015년 기준으로 단 9가지(황색제4호, 황색제5호, 적색제2호, 적색제3호, 적색제40호, 적색제102호, 녹색제3호, 청색제1호, 청색제2호)인데, 제품에 따라 사용할 수 있는 식용색소의 종류와 양을 정해 놓았죠.

식용색소는 대부분 석유에서 추출한 성분을 합성해 만들어서, 두 가지 이상 섞거나 많이 사용하면 부작용을 일으킬 위험이 높아진대요. 그렇기 때문에 제품을 만드는 사람뿐만 아니라 제품을 이용하는 사람도 주의를 기울여 꼼꼼히 확인하는 것이 중요해요.

특별히 우리나라에서는 어린이용 제품에 사용할 수 없는 식용색소가 있어요. 적색제2호, 적색제102호는 어린이용 화장품을 비롯해 어린이가 먹는 식품, 물약, 치약, 구강 청결제 등에 넣을 수 없어요. 금지된 식용색소를 오랫동안 섭취할 경우 천식이나 암을 유발할 수 있고, 주의력을 결핍시키고 과잉 행동 장애를 일으킬 수 있다는 연구 결과가 나왔거든요.

여러분, 컬러푸드만 먹을 자신이 없다면, 식용색소가 첨가된 식품이라도 제대로 알고 건강하게 먹어야겠죠? 어린이 화장품을 사용하고 있다고요? 그렇다면 성분 표시를 확인해 보세요. 어린이 제품에 금지된 식용색소, 적색제2호와 적색제102호가 들어 있지는 않은지 말이죠. 건강에 좋은 컬러푸드를 많이 먹는 것 못지않게, 우리 몸에 해가 될 수 있는 식용색소를 가능한 먹지 않고 줄이는 것 또한 중요하다는 것을 잊지 마세요. 직접 찾은 색소를 메모해 두고 찾아보는 것도 도움이 될 거예요.

색으로 식욕을 통제할 수 있을까?

같은 음식이라도 색에 따라 맛을 다르게 느낄 수 있을까? 일본의 색채학자 노무라 준이치는 색과 맛의 관계를 알아보기 위해 흥미로운 실험을 진행했다. 간단한 실험이니 우리도 한번 따라해 보자. 단, 어른의 도움이 필요하니 먼저 실험 참가자부터 섭외할 것!

노무라 준이치는 같은 커피 캔 4개를 각각 빨간색, 노란색, 파란색, 진한 갈색으로 칠한 다음, 똑같은 컵 4개에 각각 커피를 따른 후 색칠한 4개의 캔을 컵 옆에 놓았다. 그러고는 4개의 컵에 든 커피를 모두 마시게 하고 그 맛을 평가하도록 했다. 어떤 결과가 나왔을까? 73퍼센트 이상의 사람들이 진한 갈색 캔에 들어 있던 커피의 맛과 향이 가장 진하다고 답했고, 노란색 캔에 들어 있던 커피의 맛과 향이 가장 연하다고 답했다. 똑같은 커피였는데 말이다.

그는 이 실험뿐만 아니라, 색이 맛을 느낄 때 영향을 주는지, 색과 맛이 어떤 관계인지 알아보는 다양한 실험을 진행했다. 그리고 색에 따라 식욕이 반응하는 정도가 다른 현상을 연구해 〈색에 따른 식욕 반응 스펙트럼〉을 발표했다. 이에 따르면 사람들은 빨강과 주황 같은 붉은 계열의 색에 가장 높은 식욕을 보인 반면, 황록색과 청색, 보라색으로 이어지는 색에는 식욕이 급속히 떨어지는 반응을 보인다고 한다.

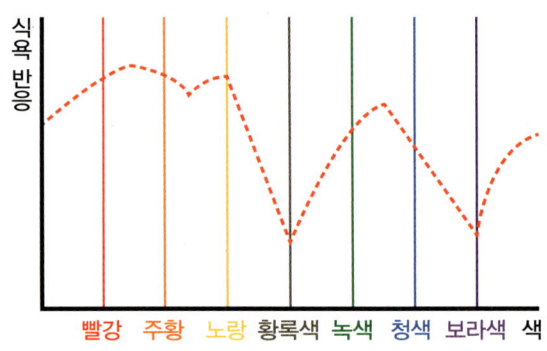

아래 사진을 보자. 빨간 떡볶이와 파랑 떡볶이 중 어느 쪽을 봤을 때 군침이 돌까? 파란색 피자는 맛있을까?

고대부터 파란색이나 보라색은 독이나 쓴맛, 덜 익은 과일, 상한 음식이라고 학습되어서, 식욕을 감소시키는 효과가 큰 것으로 보는 학자도 있다. 동화책에서 마녀의 독이 든 사과나 마법 스프, 또는 약이 무슨 색이었는지 떠올려 봐도 알 수 있을 것이다.

실제 우리 뇌는 색에 따라 다른 반응을 보인다고 한다. 감정을 통제하는 기관이 붉은색을 보고 자극을 받으면 식욕이 발생해 가짜 배고픔을 느낀다거나, 단것이 먹고 싶어질 때 파란색을 보면 감정이 완화돼 이성적으로 생각하게 되어 식욕이 저하된다는 것이다. 이런 점을 다이어트에 활용하기도 한다. 식탁보나 주방의 소품 등을 파란색 계열로 꾸미거나 음식을 파란색 그릇에 담는 식이다.

물론 음식의 맛은 색뿐만 아니라 냄새나 소리에도 크게 영향을 받는다. 오늘 저녁 식사 자리에서는 이런 실험을 한번 해 보면 어떨까? 한 번은 코를 막고, 한 번은 귀를 막고 음식 맛을 보는 실험. 또는 요리 프로그램이나 영화를 볼 때 소리를 끄고 봐 보자. 맛이 시각, 후각, 청각이 만들어 낸 합작품이라는 것을 느낄 수 있을 것이다.

색, 직업을 창조하다

색을 다루는 전문가

여러분은 혹시 어떤 색을 보고 기분이 좋아지거나 차분해지는 느낌을 받은 적 있나요? 색은 보는 사람의 기분을 변화시키고 마음을 움직이는 힘이 있답니다. 색의 영향력이 점점 커지면서 색을 전문적으로 연구하고 다루는 직업 또한 주목받고 있지요. 어떤 일들이 있는지 알아볼까요?

> 안녕하십니까? 신개념 심리토크쇼
> <심심(心心)한 토크>입니다.
> 오늘의 주제는 바로 색! 입니다.
> 색은 감정을 일으키고 마음을 움직이게도 하죠.
> 덕분에 각종 산업 분야에서 색을 적극적으로
> 활용하는 사례가 늘고 있다고 합니다!
> 다양한 분야에서 일하고 있는
> 색 전문가들에게 직접 들어 보시죠!

컬러리스트 "색에도 감정이 있어요"

컬러리스트 한다양 씨 먼저 만나 볼까요? 초대에 응해 주셔서 감사합니다. 컬러리스트라는 직업이 생소할 수 있는 분들을 위해 어떤 일을 하는지 간단하게 설명해 주실까요?

컬러리스트는 색채 전문가라고도 하죠. 색과 관련된 자료를 수집하고 분석해서 용도와 목적에 맞는 색을 찾거나 만들어 내는 일을 하죠. 활동 분야는 정말 넓어요. 패션, 화장품, 가전제품, 인테리어 등 색을 이용하는 제품이나 공간, 시설이라면 어디든지 저희의 손길이 닿아 있으니까요. 아마도 관련 없는 분야를 찾는 게 어렵지 않을까 싶네요. 사람의 마음을 움직이는 데 색만큼 강력한 도구는 없거든요.

색이 사람의 마음을 움직인다? 이게 무슨 뜻일까요?

색이 주는 느낌에 우리는 생각보다 훨씬 큰 영향을 받는다는 거예요. 똑같은 형태와 재질의 제품이 색깔별로 판매량 차이가 나고, 같은 공간도 벽이나 가구 색을 어떻게 쓰느냐에 따라 전혀 다른 분위기가 연출돼요. 어떤 색을 사용하느냐에 따라 제품의 인상도 달라지고, 제품을 사용하는 사람의 기분이나 기억에도 영향을 주죠.

색도 사람처럼 감정이 있다는 말씀이신가요?

 네. 색의 감정이란 색이 주는 심리적인 효과, 즉 느낌을 말해요. 그런데 느낌이라고 하면 사람마다 차이가 나겠죠? 같은 색을 봐도 개인의 성향이나 성격, 경험이나 사고방식 등에 따라 다르게 느낄 수 있으니까요. 그런데 그렇다고 해도 색이 지니고 있는 일반적인 느낌이 있는데요, 그것을 색의 감정이라고 합니다.

 느낌이라는 건 부드럽다 딱딱하다, 차갑다 뜨겁다, 밝다 어둡다 뭐 이런 걸까요?

 역시 센스가 남다르시네요! 일반적으로 빨간색이나 노란색 계열은 따뜻한 색으로, 파란색 계열은 차가운 색으로 분류해요. 따뜻한 색은 포근하고 부드러운 느낌을 주는 반면, 차가운 색은 딱딱하고 차분한 느낌을 주죠.

 아, 그러고 보니 정말 색에 감정이 있는 것 같네요.

 여기 잠깐 보시겠어요? 이렇게 색이 주는 느낌을 잘 활용하면 제품 브랜드나 직업의 이미지를 전달하는 데 큰 효과를 얻을 수 있어요. 신경계를 자극해 식욕을 북돋는 붉은색 계열이 음식점에서 자주 쓰이는 거나, 차분함과 신뢰감을 주는 파란색 계열이 공공기관이나 경비업체 등에서 많이 사용되는 것을 예로 들 수 있겠네요.

 기업 브랜드 로고나 유니폼 색이 하필 그 색인 데는 나름의 이유가 있는 거였군요. 색의 감정을 활용한 거였네요.

 색마다 무게감도 다르답니다. 색의 밝고 어두운 정도를 나타내는 명도와 관련이 높습니다. 하얀색이나 분홍색처럼 명도가 높으면 가볍고, 검정색이나 고동색처럼 명도가 낮으면 무거운 느낌을 주죠. 특별히 계절의 변화에 민감하게 대처하는 화장품이나 패션 분야에서는 이렇게 색이 지닌 무게감을 제품 포장이나 광고 제작에 적극적으로 활용해요. 옷차림이 얇아지는 봄여름에는 밝고 가벼운 느낌의 색을, 반대로 옷차림이 두꺼워지는 가을과 겨울에는 차분하고 묵직한 느낌의 색을 부각시키는 식이죠.

 컬러리스트란 직업은 색이 지닌 느낌과 그 느낌이 사람의 생각과 마음에 어떤 영향을 미치는지 연구해서, 여러 분야에서 색을 제대로 사용할 수 있도록 돕는 일을 하는 분이군요. 옆에 앉아 계신 마케팅 전문가 또한 이런 컬러리스트의 도움이 필요할 것 같은데 어떠세요?

마케팅 전문가 "색으로 고객의 마음을 사로잡죠"

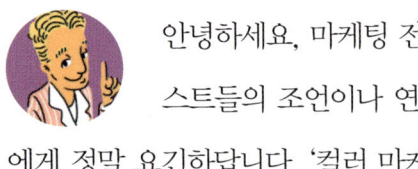안녕하세요, 마케팅 전문가 왕영업입니다. 사회자님 말씀처럼 컬러리스트들의 조언이나 연구 보고서 등이 저처럼 마케팅 일을 하는 사람에게 정말 요긴하답니다. '컬러 마케팅'이라는 전문 용어가 나올 정도죠. 마케팅이라는 것은 제품을 최대한 많이 판매하기 위해 유행이나 소비자 특징 등 시장을 조사해서 판매 계획을 세우는 일 전반을 말합니다. 새로운 제품을 기획하는 단계부터 소비자에게 어떻게 하면 제품을 잘 알리고 강하게 설득해서 구매에 이르게 할 수 있을지 일종의 전략을 짜는 사람이라 할 수 있는데, 이때 '색'은 전략을 짜는 데 없어서는 안 되는 중요한 요소입니다. 마케터에게는 '색'이 중요한 무기인 셈이죠. 사회자님, 혹시 산타클로스 옷이 왜 빨간색인지 아시나요?

 네? 산타클로스 옷이 빨간 것과 마케팅이 무슨 연관이라도 있는 건가요?

 우선 질문에 답하자면, 산타클로스에게 빨간색 옷을 입힌 건 세계적인 기업 코카콜라사입니다. 코카콜라사가 빨간색 옷을 입은 산타클로스를 탄생시키기 전에는 산타클로스 모습이 제각각이었어요. 요정처럼 그려지기도 하고 백설공주 동화에 등장하는 난쟁이처럼 표현되기도 했죠.

 아, 그렇군요. 그런데 왜, 하필이면 빨간색 옷을 입힌 건가요?

 추운 겨울철에는 콜라가 잘 팔리지 않자, 크리스마스 마스코트라고 할 수 있는 산타클로스를 모델로 쓰기로 한 거예요. 루돌프를 타고서 착한 아이들의 집을 찾아가 선물을 배달한 산타클로스가 잠시 쉴 때, 다름 아닌 코카콜라를 마신다는 이야기로 광고를 만든 거죠. 중요한 건 광고 모델인 산타클로스를 어떤 모습으로 표현할 것인가 하는 건데, 이때 컬러 마케팅이 한 수를 두게 됩니다. 코카콜라의 로고 색인 하얀색과 빨간색, 이 두 가지 색이 부각되도록 한 거죠. 그 결과, 하얀 털 소매가 두드러진 빨간색 외투와 바지를 입고 하얀 수염을 한 산타클로스가 탄생한 겁니다. 효과가 있었을까요? 이후 코카콜라는 겨울에도 기록적인 판매량을 세웠고, 전 세계의 산타클로스는 코카콜라 광고에 등장한 산타클로스를 닮게 되었습니다.

 우리에게 너무나도 익숙한 지금의 산타클로스는 코카콜라사의 컬러 마케팅으로 태어나신 거였군요.

 미국의 색채 연구가 루이스 체스킨은 "우리의 행동 중 90퍼센트는 감정에 의해서, 10퍼센트는 이성에 의해 일어난다."고 했습니다. 그리고 "이 감정에 시각이 87퍼센트 영향을 주는데, 시각을 자극하는 요소 가운데 색이 바로 60퍼센트의 비중을 차지한다."고 했지요.

여러분, 만년필 아시죠? 1920년대만 하더라도 만년필은 성공한 재력가나 권력자 남성을 상징하는 물건으로 검정색이나 갈색이 주를 이뤘죠. 그런데 세계적으로 유명한 만년필 기업 파커사는 이러한 고정관념을 깨는 시도를 해요. 왜냐하면 여성의 사회 진출이 많아지면서 성공한 사회 지도층은 더 이상 남성만을 위한 자리가 아니었으니까요. 파커사는 이때 색에 주목했어요. 만년필의 모양과 성능은 기존 것을 유지하면서 단 하나, 색을 바꾼 거예요. '빨간색' 만년필을 출시한 겁니다. 파커사가 제품의 색을 바꾸는 전략으로 여성 소비자를 끌어들인 컬러 마케팅은 그야말로 대성공이었습니다.

기업은 제품의 판매를 늘리기 위해 '색'을 마케팅 요소로 사용할 뿐만 아니라, 기업이 전하고자 하는 철학이나 가치를 전달하기 위해 '색'을 활용하기도 해요. 앞서 컬러리스트 한다양 씨가 잠깐 말씀하셨는데요, 색이 지닌 감정을 이용해 기업의 이미지를 상징화하고 각인시키는 거죠.

 기업이나 브랜드 로고에 관해 말씀하시는 건가요?

 소비자들은 제품이나 브랜드를 색이나 그림과 같은 이미지로 잘 인식하고 기억하는 경향이 있습니다. 어떤 색을 봤을 때 특정 브랜드나 장

소가 자연스레 떠오르는 거죠. 비록 브랜드 이름이나 로고를 정확히 몰라도 말이죠. 예를 들면, 유명 커피 브랜드는 도심 속의 휴식 공간이 되길 바라는 의미로 초록색을 브랜드 컬러로 선택했죠. 초록색은 자연과 쉼을 상징하는 대표적인 색이거든요. 덕분에 고층 건물과 도로가 많은 도심 속에서 특히 초록색 간판이 눈에 잘 띄죠. 초록색은 편안함뿐만 아니라 신뢰와 중립을 나타내기도 하는데요, 이를 이용한 것이 국내 최대의 포털 사이트 브랜드예요.

 아, 잠시만요! 제가 왕영업 씨의 말씀을 이어 가도 괜찮을까요? 저는 제약회사를 경영하고 있는 안아파라고 합니다. 방금 초록색이 자연과 쉼을 상징한다고 하셨는데요, 약을 제조할 때도 우울증을 치료하는 알약에 초록색을 많이 사용합니다. 약을 먹을 때 초록색이 주는 안정감을 통해 약의 효과가 배가 되길 기대하는 겁니다.

약이라고 하면 하얀색이 가장 먼저 떠오를 텐데요, 원료가 하얀색이 많기도 하고, 하얀색이 청결과 위생을 상징해 의료 분야에서 많이 사용한다는 이유에서였죠. 하지만 약끼리 섞였을 때 구분이 어렵고, 간혹 성분을 걸러 내는 과정에서 얼룩이 생기는 약도 있어서 색을 넣기 시작했어요. 약에 색을 넣으면 거부감을 줄여 주고, 심리적인 효과까지 얻는 이점도 있으니까요.

 약을 제조할 때도 색을 이용한다는 말씀을 들으니, 색에 마음을 움직이는 힘이 있다는 것이 더욱더 실감이 나는군요.

공간 디자이너 "공간에 색을 불어넣어요"

이번엔 제가 이야기해 볼까요? 안녕하세요, 공간 디자이너 나창조입니다.

네, 안녕하세요. 공간 디자이너도 '색' 선택을 전문적으로 하는 직업이죠? 자세한 말씀 들어 볼까요?

공간을 디자인한다는 건 공간을 누가 사용할지 또 어떤 목적으로 사용할지를 고려해 공간이 나타내고자 하는 목적과 의도를 시각적으로 잘 구현하는 거거든요. 이때 그 목적과 의도를 효과적으로 드러내는 데 도움이 될 만한 색을 활용하는 거죠. 예를 들어 유치원이나 어린이집이라면 어린아이들이 이용하는 공간일 테니, 기본적으로 밝은 분위기여야 하겠지요? 그리고 지능과 감성이 발달할 수 있도록 아이들의 신경계를 자극할 수 있는 색감이 눈에 많이 띄는 게 좋을 거고요. 이러한 조건을 만족시킬 만한 색으로 노란 계열의 색이 선택되는 겁니다.

노란색이 눈에 잘 띄는 줄만 알았더니, 창의력 발달에도 도움을 주는군요.

네. 실제 노란색은 자신감과 낙천적인 태도를 갖고 새로운 아이디어를 얻는 데 도움이 됩니다. 그래서 소아과나 어린이 병원 등에서도 많이 사용되고 있죠. 앞서 알약에 색을 입혀서 심리적인 효능을 기대한다고 말씀하셨는데요, 저희도 병실을 디자인할 때 환자의 유형에 따라 색을 다르게 설정합니다.

이를테면 정신 질환을 앓는 환자의 병실은 차분하면서 안정감을 주는 옅은 녹색이나 푸른색으로 채우려 하지요. 반면 어린이나 중병 환자의 병실은 복숭아색이나 살구색처럼 따뜻한 느낌을 주는 색으로 꾸미려고 하죠. 의기소침한 기분을 밝고 명랑하게 북돋아 주는 효과를 기대할 수 있거든요.

여러분도 기분을 바꾸고 싶을 때는 어떤 한 가지 색을 10분 정도 바라보세요. 그렇게 보는 것만으로도 도움을 얻을 수 있거든요.

빨강	주황	노랑	초록	파랑	보라
우울하고 무기력할 때	소화가 안 되고 슬플 때	부정적인 생각이 들 때	평안과 휴식이 필요할 때	마음을 가라앉히고 싶을 때	창의력을 자극하고 싶을 때

일종의 색 처방 같군요! 오늘 색과 관련된 일을 하는 전문가를 모시고 여러 이야기를 들어 보았습니다. 여러분도 오늘 방송에서 접한 색이 지닌 감정을 생활 곳곳에서 적용해 보고 도움을 얻기 바랍니다. 모두, 감사합니다.

색,
자연에서 빛나다

··옷 대신 색을 입는 동물··

카멜레온의 이유 있는 '색' 이야기

—— 변화무쌍하게 피부색을 바꾸는 카멜레온, 모래색 털을 뽐내는 사막여우, 하얀색 검은색 줄무늬가 멋진 얼룩말 등 동물의 피부색과 털색은 어쩜 저마다 그렇게 다를까요? 이렇게 동물이 다른 무늬나 색을 입고 있는 건, 무슨 특별한 이유가 있는 걸까요? 동물 세계 최고의 멋쟁이 카멜레온이 그 사연을 취재했다고 합니다.

> 반가워! 나는야, 변신의 귀재 카멜레온이야. 내가 피부색을 바꿀 수 있는 재주가 있다는 것 정도는 알지? 오늘은 나뿐만 아니라 동물 세계 친구들이 입고 있는 색, 그러니까 피부나 털, 무늬 등에 담긴 신비를 알려 주려고 해. 잘 들어 봐!

내 피부색은? 총천연색!

먼저 내 친구들의 놀라운 재주부터 보고 시작할까? 아래 사진에 등장하는 카멜레온은 아프리카 마다가스카르가 주 서식지인 '팬더 카멜레온'이라는 종이야. 이 친구들은 같은 종인데도 살고 있는 섬의 환경에 따라 파랑, 초록, 주황 등 서로 다른 피부색을 하고 있어. 그래서 이 친구들의 이름을 섬 이름에서 따서 부르기도 해.

우리 카멜레온 피부색이 뭐냐고 묻는다면, 총천연색이라고 답하는 게 정답에 가까울 것 같아. 한 가지 색으로 정할 수 없는 건, 때에 따라 여러 색으로 변하기 때문이지. 게다가 어떤 종은 갈색과 검은색이 혼합돼 화려한 느낌과는 거리가 먼 반면, 팬더 카멜레온 종처럼 사는 지역에 따라 피부색이 다르게 나타나는 종도 있거든.

그렇다고 모든 카멜레온이 다양한 피부색으로 변신할 수 있는 건 아니야. 카멜레온은 태어날 때 바꿀 수 있는 피부색의 범위가 결정돼. 물론 종마다 다 달라.

▌팬더 카멜레온은 수많은 색상 패턴이 있는데 지역마다 다른 색상의 패턴을 지니는 게 특징이다.

사람들이 우리 카멜레온이 어떻게 피부색을 바꾸는지 많이 연구했다고 해서 찾아보니, 오랫동안 카멜레온의 투명한 피부 아래에 색소가 있다고 생각했더라고. 주변 색에 맞추어 피부 바깥쪽으로 필요한 색소를 올려 보냈다가, 시간이 지나 올라왔던 색소가 다시 피부 아래층 깊숙이 가라앉으면서 본래의 색으로 돌아간다고 본 거지. 그럼 결과적으로 색이 왔다 갔다 바뀌는 것처럼 보이는 거고.

그런데 최근에 우리 카멜레온의 피부색이 세포 구조가 변하면서 빛의 파장이 반사되는 양 또한 변해 다르게 나타나는 거라는 연구 결과가 나왔대. 카멜레온 피부 표면은 수만 개의 세포 배열로 이루어져 있는데, 세포 배열이 수축되거나 확장될 때 세포 안에 있는 특정 물질의 반사율이 달라지더라는 거야. 세포들이 촘촘하게 배열되면 짧은 파장인 파란색이 더 많이 반사돼 푸른빛의 카멜레온으로 보이고, 세포 배열이 상대적으로 느슨하게 되면 파장이 긴 노란색이나 붉은색이 더 많이 반사돼 노랗거나 붉은 카멜레온으로 보인다는 식이지. 실제 우리 카멜레온의 피부색은 빛의 양이나 주변 온도가 크게 바뀔 때 변해.

또 마음에 드는 짝을 만났을 때도 피부색을 바꾸지. 너희들이 좋아하는 친구 앞에서 얼굴이 빨개지는 것과 비슷하다고 할 수 있겠다. 한마디로 우리는 피부색으로 감정을 전달하는 거야.

예를 들면 대부분의 동물처럼 카멜레온도 수컷이 더 화려한 색을 띠는데, 마음에 드는 암컷을 만나면 더욱 강렬한 색을 내서 짝짓기 하자는 신호를 보내. 이때 암컷은 짝짓기 할 마음이 있으면 차분한 피부색으로, 짝짓기를 거절할 때는 강렬한 피부색으로 거부하는 의사를 표현해.

그런데 뭐니 뭐니 해도 우리 카멜레온이 색을 바꾸는 아주 중요한 이유는 생명을 지키기 위해서야. 우리를 잡아먹으려는 뱀이나 새 같은 천적의 눈에 띄지 않도록 주위의 나뭇가지나 나뭇잎처럼 피부색을 바꾸는 거지.

보호색으로 감쪽같이 숨어 버렸어!

주변 색과 비슷한 색이어서 눈에 잘 띄지 않는 동물의 피부색이나 털색, 또는 무늬를 가리켜 '보호색'이라고 해. 우리 카멜레온의 피부색은 감정과 의사 표현의 수단이면서 보호색이기도 한데, 알고 보면 동물 세계에는 이런 보호색을 지닌 친구들이 많아. 개구리도 그런 친구 가운데 하나. '개굴개굴' 하는 특유의 울음소리를 내지 않는다면 논가나 개울가 수풀에 몸을 숨긴 개구리를 찾기란 쉽지 않을 거야.

보호색은 공격과 수비 모두에 유리해. 즉 천적의 공격으로부터 몸을 숨길 때 유리한 동시에, 가만히 몸을 숨겼다가 먹잇감을 사냥할 때도 큰 도움이 되지.

이런 걸 보면 군인들의 전투복은 초록 개구리의 보호색에서 아이디어를 얻은 게 분명해. 수풀과 최대한 비슷한 색의 전투복을 입는 것이, 울창한 숲이나 초원에서 전투를 할 때 적군 눈을 속여 공격하기도, 적의 공격에 몸을 피하기도 좋겠다 싶었던 게 아니겠어?

　보호색이 지상의 동물에게만 전투복 역할을 하는 게 아니야. 깊고 넓은 바닷속 생명체들도 보호색을 자랑해. 너희들이 식탁에서 자주 만나는 고등어 알지? 오묘한 푸른빛을 뿜어내는 고등어 떼의 이동은 아름답기로 소문이 자자하대. 그런데 바로 고등어의 온몸을 감싸고 있는 은빛 같기도 하고 푸른빛 같기도 한 그 색 또한 보호색이라는 거야.

　푸른 바다는 햇빛을 받으면 마치 은가루를 뿌린 것처럼 표면이 반짝반짝 빛나잖아. 그런데 고등어의 푸른 등도 물속을 뚫고 들어온 햇살을 받으면 빛나니까, 하늘을 날면서 먹잇감을 노리는 새가 고등어를 발견하기란 쉽지 않겠지? 푸른 등은 바다 표면 빛과 비슷할 테니까. 또 바다 깊은 곳에서 고등어를 잡아먹으려고 위쪽으로 헤엄치는 큰 물고기 눈엔 고등어의 은빛 배가 빛을 받아 반짝이는 바다 표면과 구분하기 어려울 테고 말이야. 바다나 강에 사는 물고기의 비늘이나 피부가 반짝거리는 은빛을 지닌 경우가 많은 것도 비슷한 이유이지 않을까?

　열대어들은 피부색이 알록달록하지 않느냐고? 그건 열대어는 알록달록한 산호초가 많은 에메랄드 빛깔의 열대 바다에 사니까 산호초와 비슷한 보호색을 하고 있는 거지.

참, 우리 카멜레온처럼 환경에 따라 피부색을 바꾸며 사는 바다 친구가 있더라고. 바로 문어! 사실 문어는 천적에게 쫓기거나 공격을 당할 때 먹물을 뿜고 달아나는 재주만 있는 줄 알았는데, 변신술까지 있을 줄은 몰랐어. 문어는 바위에 붙어 있을 때는 바위 색으로, 산호 사이에 몸을 숨길 때는 산호색으로 순식간에 변신할 수 있대. 문어 껍질에는 빨간색, 검은색, 노란색 색소 주머니가 있는데, 근육과 연결돼 있다고 해. 근육을 수축하고 이완하면서 색소 주머니 속의 색소를 조합하면 주변과 같은 색을 띠게 된다더라고.

또 생김새가 넓적하다고 해서 이름 붙여진 넙치라는 물고기도 감쪽같이 주변 환경과 똑같게 변한다지 뭐야. 모래층이나 바위에 숨으면 못 찾을 정도래.

이야기하다 보니, 보호색이 최고의 방어 무기인 것처럼 전달될 수도 있겠다. 그런데 보호색은 최고의 공격 무기이기도 해. 특별히 맹수들은 이 보호색을 이용해 사냥에 성공하지. 사진을 봐. 검은 물소 떼 사이로 달리는 사자는 눈에 잘 띄지 않지? 털색이 갈색 수풀과 비슷하다 보니, 사자가 조용하고 빠르게 이동하면 물소 떼가 눈치채기 쉽지 않은 거야.

얼룩얼룩 무늬 때문에 헷갈려!

화려한 색이 아니라 특별한 무늬가 '보호색'인 동물 친구들도 있어. 얼룩말이 가장 유명하지. 그래서일까? 얼룩말의 검은색과 하얀색이 반복되는 줄무늬를 두고서는 연구와 해석이 다양해. 오랫동안 얼룩말 줄무늬는 천적인 맹수의 공격을 받아 도망칠 때 맹수의 시선을 어지럽힐 뿐만 아니라 무리 지어 있을 때는 큰 덩어리처럼 보여 맹수가 달려드는 걸 주저하게 하고, 또 수풀 속에 숨으면 잘 안 보이게 하는 효과가 있는 보호색으로 알려져 왔어.

최근에는 얼룩말의 줄무늬가 얼룩말의 피를 빨아 먹는 흡혈 파리 눈을 어지럽혀 쫓아내려고 진화된 거라는 가설이 등장했어. 흡혈 파리가 많은 지역의 얼룩말일수록 줄무늬가 선명하더래. 그리고 어떤 사람들은 얼룩말이 흑백 줄무늬로 체온을 조절한다고 주장하기도 해. 검은색 무늬가 하얀색 무늬보다 열을 더 많이 흡수하는데, 이렇게 더 많이 흡수한 열이 하얀색 무늬로 옮겨지면서 전체 체온이 일정하게 유지된다는 거지.

눈에 띄는 화려한 경계색도 무기야

어찌됐든 보호색이 생태계에서, 특히 힘없는 초식동물에겐 강력한 생존 무기라는 것만은 분명하지? 그런데 주변 환경과 비슷한 색이나 형태로 위장해서 눈에 띄지 않게 하는 '보호색'과 달리, 오히려 눈에 확 띄는 색과 무늬를 자신을 보호하는 무기로 쓰는 친구들도 있더라. 이러한 생존 무기를 '경계색'이라고 하는데, 자신의 존재를 당당하게 드러내서 천적에게 함부로 공격하지 말라는 경고를 보내는 거야.

경계색은 주로 몸집이 작은 곤충 세계에서 힘을 발휘하더라고. 무당벌레 알지? 붉은 바탕에 검은색 점이 찍혀 화려해 보이기까지 하는 무당벌레의 등딱지는 대표적인 경계색이라고 볼 수 있어. 눈에 확 띄는 경계색으로 적들에게 내가 아주 맛이 없을 뿐더러, 날 건드리면 아주 불쾌한 냄새를 내뿜을 거라는 경고를 보내는 거야. 실제 무당벌레는 위험에 처하면 아주 고약한 냄새의 액체를 뿜거든. 예전에 무당벌레를 공격하거나 먹었던 경험이 있는 새들은 무당벌레와 비슷한 색의 등딱지만 보면 알아서들 피한대. 이처럼 무당벌레 등딱지의 빨강과 검정 조화는 주의를 확 집중시키는 효과가 있어 도로 표지판에서도 단골로 사용돼.

앞서 초록 개구리가 보호색을 띤다고 했던 거 기억하지? 그런데 화려한 색으로 유명한 독화살개구리는 샛노란 경계색으로 위험한 독이 있다는 걸 알린다더군. 이 독은 개구리의 강력한 천적인 뱀을 몇 시간 동안 마비시킬 정도로 독성이 강하대. 독화살개구리를 사냥하려면 뱀도 목숨을 내놓을 각오로 덤벼야 하는 거지.

그런데 이 독화살개구리나 무당벌레의 경계색이 유독 익숙하지 않니? 분명 너희 주변에서 자주 마주쳤을 텐데……. 독화살개구리의 노랑과 검정 대비가 뚜렷한 경계색은 너희들의 세상에서도 '주의'나 '경계', '금지'를 알리는 색의 조합으로 즐겨 사용해. 멀리서도 시선을 사로잡는 효과 때문에 어린이 보호구역이니 속도를 줄이라는 도로 표지판, 사건이나 사고 현장의 출입 금지 테이프, 안전 표지판 등이 따라 하고 있지.

물론 '따라 했다'는 건 독화살개구리의 주장이야. 색을 연구하는 사람들의 과학적인 분석과 관찰 결과라고 할 수도 있겠지만, 그 연구의 힌트는 적어도 자연의 친구들이 주지 않았을까? 독화살개구리와 무당벌레처럼 경계색을 생존 무기로 삼고 있는 친구들을 좀 더 찾아보면 어떨까? 분명 나 카멜레온의 생각에 공감할 수 있을 거야.

이 화려한 친구는 누구냐고? 내가 우리 카멜레온이 피부색을 바꾸는 여러 상황에 대해 얘기한 거 기억하니? 특별히 짝짓기를 할 때 피부색을 바꿔 신호를 보낸다고 했던 거. 나처럼 동물 친구들은 번식할 때도 피부나 깃털 색이 중요한 역할을 해. 번식하려면 건강한 암컷과 짝짓기를 해야 하는데, 그렇게 하려면 우선 수컷들과의 경쟁에서 승리해야 하지. 격렬한 몸싸움을 치르는 경우도 있지만, 여기 공작처럼 수컷의 외모를 돋보이게 해서 암컷을 유혹하고 구애할 때도 있어. 그래서 동물 세계에선 대부분 수컷이 암컷보다 화려하고 멋진 모습으로 진화했다고 해.

사람들이 체온을 유지하고 외부 위협으로부터 피부를 보호하려는 가장 기본적인 목적으로 옷을 입잖니? 옷이 중요한 생존 도구의 하나라는 거지. 그에 비해 옷을 입지 않는 동물들은 피부색과 털색, 그리고 무늬가 생존과 번식을 위해 아주 중요한 기능을 한다는 것을 기억하고 앞으로도 우리에게 관심을 줄 것을 부탁해도 될까? 무조건 화려하고 눈에 띄는 색을 입고 있는 동물만 눈여겨보지 말고, 왜 저런 색의 피부나 털 그리고 무늬를 하고 있을까 질문을 던지고 이해해 준다면, 오늘 나 카멜레온의 취재가 무척 보람된 일로 기억될 것 같아. 그럼 안녕!

·· 색으로 말하는 식물 ··

박사님! 초록색 은행잎이 왜 노랗게 물들죠?

── 봄을 알리며 형형색색 피어나는 꽃, 여름이면 싱그러움을 선사하는 초록 잎사귀, 울긋불긋 곱게 물드는 가을 단풍이 없는 세상을 상상할 수 있을까요? 그러고 보면 식물의 색은 우리가 자연에서 가장 다채롭게 느끼는 색일 거예요. 아름답게 자연을 물들이는 식물의 색은 어떤 원리로 나타나는 걸까요?

메일 제목: **여름에도 붉은 단풍, 이상한 건가요?**

받는 사람: 이자연 박사

박사님, 안녕하세요. 저는 초등학교 4학년 박초록이라고 해요. 좀 이상한 단풍나무를 발견해서 메일을 보냅니다. 원래 단풍나무는 봄과 여름에는 잎이 초록색이다가 가을이 되면 빨갛게 물드는 거죠? 그런데 저희 집 앞 단풍나무는 봄과 여름 내내 빨간색이었어요. 이상 기온과 관련이 있는 건가요? 아니면, 단풍나무가 어디 아픈 건가요?

메일 제목: **단풍은 계절과 상관있어요**

받는 사람: 박초록

안녕하세요, 박초록 학생. 호기심 가득한 학생을 만나서 기쁘네요. 초록 학생이 오래 기다렸을 테니, 우선 그 단풍나무는 아픈 게 아니라는 것부터 답하고 시작할게요.

초록 학생이 발견한 일년 내내 붉은빛을 띠는 단풍나무는 일본에서 들여온 홍단풍이라는 품종으로, '노무라 단풍'이라고도 해요. 우리나라에서는 '붉다'는 뜻을 지닌 한자 '붉을 홍(紅)'을 붙여 홍단풍이라고 부르죠.

초록 학생이 말한 대로 보통 가을이 되면 단풍이 들기 시작하죠. ==나뭇잎은 초록색을 내는 엽록소, 노란색과 주황색을 내는 카로티노이드, 붉은색을 내는 안토시안 등 여러 가지 색소를 지니고 있어요.== 이러한 색소들이 모습을 감추거나 드러내면서 나뭇잎의 색이 달라지는데, 이 현상을 '단풍이 든다.'고 하는 거죠. 그렇다면 왜, 그리고 어떻게 나뭇잎의 색소가 달라지는 걸까요? 그건 식물이 살아가는 일과 아주 밀접한 관련이 있답니다.

녹색 식물은 엽록체라는 기관을 가지고 있어요. 엽록체에서는 엽록소, 햇빛, 물, 이산화탄소를 이용해 식물이 살아가는 데 필요한 영양분을 만드는데, 이러한 작용을 '광합성'이라고 하죠. 봄과 여름에는 엽록체에서 광합성이 활발하게 일어나요. 엽록소는 온도가 높을수록 많이 생성되기 때문에, 무더운 여름으로 갈수록 잎은 진한 녹색으로 변하죠. 이 시기 엽록체에는 카로티노이드나 안토시안도 포함돼 있지만, 엽록소가 워낙 많이 만들어져 초록색이 두드러지는 상태라고 할 수 있죠.

그러다 가을로 넘어가면서 해가 점점 짧아지고 기온이 내려가기 시작하면, ==봄과 여름에 왕성한 활동을 한 엽록소는 분해돼 사라지고, 그동안 엽록소에 가려졌던 카로티노이드와 안토시안이 활동하면서 잎의 색이 변하는 겁니다.== 카로티노이드와 안토시안의 양에 따라 노랑, 주황, 빨강 등으로 물드는 거죠.

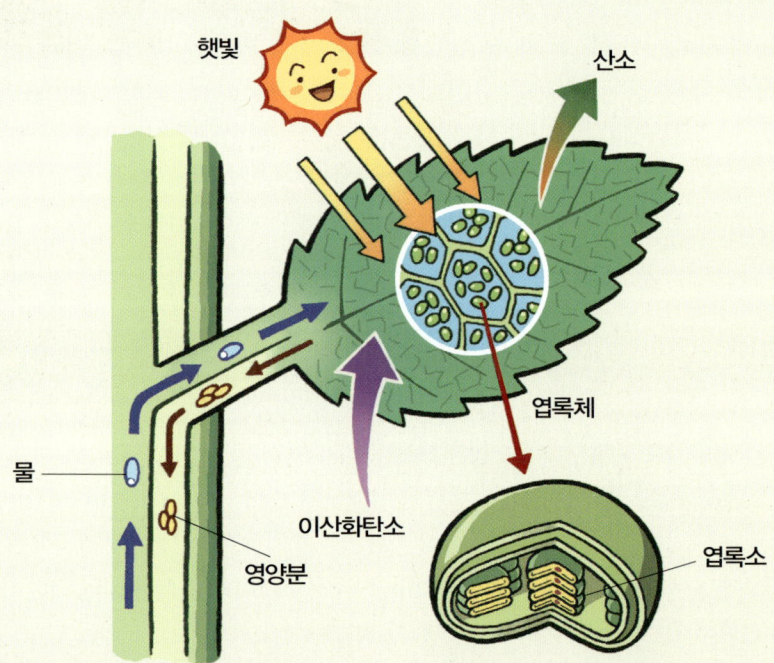

이렇게 나무가 잎의 색을 바꾸는 것은 겨울맞이 준비라고 할 수 있어요. ==나무는 기온이 떨어지고 햇볕을 받는 양이 줄어들면 저장된 영양분을 아껴 쓰기 위해 줄기와 잎자루 사이에 떨켜라는 단단한 조직을 만들어서 영양분과 물이 잎으로 이동하는 것을 막아 버리죠.== 겨울잠 자기 전에 충분히 먹어 영양분을 저장하는 동물처럼, 제자리에서 겨울을 나야 하는 나무는 떨켜로 단풍이 든 잎을 떨어뜨려 영양분이 빠져나가는 것을 봉쇄해 버리는 방식으로 영양분을 저장하는 거랍니다. 나무에서 완전히 분리된 단풍잎을 낙엽이라고 부르죠.

떨켜층
나뭇잎이 떨어지기 전 줄기와 연결된 부분에 생기는 세포층이에요.

몸집을 키워요
햇빛을 받아 광합성을 해 영양분을 만들고 뿌리로 수분을 흡수해 줄기와 가지를 늘려요.

잎자루에 칸막이를 세워요
잎자루에 생긴 떨켜층이 물과 영양분이 잎으로 공급되는 것을 막아요.

단풍이 들고 낙엽이 져요
엽록소가 줄어들면서 붉은 색소와 노란 색소가 선명해지다 나무에서 완전히 떨어져요.

몸집을 줄여요
봄여름 동안 늘어난 잔가지나 병든 줄기가 부러지며 나무에서 떨어져 나가요.

물론 전나무, 소나무, 잣나무처럼 사계절 내내 변함없는 모습을 보이는 나무도 있답니다. 이런 나무는 가을을 지나 겨울이 되어도 단풍이 들지 않고, 낙엽이 지지 않으며 사시사철 푸른 잎을 지니지요. 그래서 이러한 나무들을 가리켜 항상 푸른 나무라는 뜻으로 '상록수'라고 하죠. 반대로 단풍이 들고 낙엽이 지는 나무는 '낙엽수'라고 합니다.

아! 홍단풍은 붉은 색소 안토시안이 온도에 상관없이 항상 일정한 양을 유지하도록 유전자를 변형시켜 개발한 품종이에요. 그러니까 홍단풍은 엽록소가 안토시안에 가려져 있는 상태인 겁니다.

홍단풍은 공해나 해충, 추위에 강하고 선명한 붉은 잎이 초록색 배경에서 더욱 돋보여 공원이나 정원을 꾸밀 때 많이 찾는다고 합니다. 초록 학생, 이제 궁금증이 풀렸나요?

메일 제목: 검은색 꽃도 있나요?
받는 사람: 이자연 박사

안녕하세요. 박사님 저 박초록이에요! 박사님 덕분에 '박단풍'이라는 별명이 붙었습니다. 제가 친구들한테도 박사님이 설명해 주신 단풍 원리를 막 이야기하고 다녔거든요. *^^*

부끄럽지만, 저도 박사님처럼 멋진 식물학자가 되고 싶어요. 특히 꽃에 관심이 많아서 식물도감도 많이 보고, 식물원도 자주 다니고 있답니다. 그런데 박사님! 지난 주말에 설악산에 갔다가 정말 특이한 꽃을 발견했어요. 꽃잎이 검은색이더라고요. 세상에, 꽃이라면 예뻐야 하는데, 검은색 꽃이라니! 꽃 모양을 하고 있지만 꽃이 아닌 걸까요? 이번에도 시원한 답변 기대하겠습니다.

메일 제목: 검은색을 내는 꽃잎 색소는 없어요
받는 사람: 박초록

'박단풍' 학생? 반가워요. 친구들이 재미있는 별명을 만들어 주었네요. 초록 학생은 식물에 대한 호기심만 남다른 게 아니라 관찰력과 탐구력도 뛰어나군요. 요강나물을 발견했다니, 놀랍네요. 초록 학생이 발견한 검은색 꽃이 바로 요강나물이에요. 대한민국에서만 자라는 희귀 식물인 만큼 흔하지 않아서 모르고 지나치기 쉬울 텐데, 그걸 발견하다니요! 요강나물을 아는 어른도 많지 않을걸요? 꽃인데 이름에 '나물'이 붙어 있어 조금 의아하죠? 그런데 '나물'이라고 해서 여느 산나물처럼 요리를 해서 먹으면 정말 큰일 납니다. 강한 독을 가지고 있거든요.

왜 하필 이름이 '요강나물'일까요? 요강은 옛날 화장실이 집에서 멀리 떨어져 있을 때 밤에 소변을 눌 때 사용하던 용기예요. 들어 본 적 있을 텐데, 예쁘고 아름다운 느낌을 주는 꽃 이름으로는 왠지 어울리지 않는 것 같기도 하죠? 그런데도 이런 이름이 붙은 건 요강나물 꽃봉오리가 그 요강을 닮아서라고 전해져요.

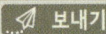

요강나물은 이름만큼이나 꽃 색깔도 특이해요. 거무스레한 것이 얼핏 보면 검게 보이죠. 꽃이라고 하면 으레 빨간 장미, 노란 튤립, 보라색 나팔꽃처럼 밝고 화사한 느낌이 먼저 떠오르기 쉬우니, 검은색 꽃이라고 하면 초록 학생처럼 많은 사람들이 낯설 거예요.

어떻게 검은 꽃잎을 갖게 되었을까요? 지난번 홍단풍에 대한 답변 기억하나요? 단풍의 원리를 설명하면서 여러 색소 이야기를 했었잖아요. 안토시안과 카로티노이드 생각나나요? 이 색소들은 식물의 잎, 줄기, 뿌리뿐만 아니라 꽃과 열매까지 모든 조직에 분포하고 있어요. 이때 열매는 우리가 먹는 과일이나 채소에 해당하죠.

장미와 진달래처럼 붉은색 꽃은 안토시안 색소를 가지고 있겠죠? 홍단풍처럼 말이에요. 그리고 개나리, 민들레, 해바라기 등 노란색 꽃들은 카로티노이드 색소를 가지고 있겠죠. 노란 은행잎처럼 말이죠.

하얀색 꽃은 어떨까요? 맞습니다. 색소를 갖고 있지 않아요. 색소 대신 꽃잎의 세포를 채우는 공기가 빛을 받았을 때, 산란이 생겨서 우리 눈에 하얗게 보이는 거랍니다. 이건 눈이 하얗게 보이는 현상과 같다고 볼 수 있어요. 눈송이가 하얗게 보이는 것 또한 눈송이 틈새 공기가 빛을 받아 산란이 일어나기 때문이거든요.

그렇다면 검은색 꽃은 검은색을 내는 색소를 갖고 있는 걸까요? 놀랍게도 하얀색 꽃처럼 검은색 꽃도 검은색 색소를 따로 갖고 있지 않아요. 실제 검은색 색소가 있지 않을까 해서 흑장미에서 색소를 추출해 봤더니 안토시안이 나오더래요. 흑장미와 붉은 장미가 같은 색소를 가지고 있더라는 거죠. 다만 흑장미의 꽃잎 세포가 붉은 장미의 꽃잎 세포보다 훨씬 촘촘하게 배열돼 있고, 안토시안 농도 또한 진해서 마치 검은색처럼 보였던 거죠. 사실 흑장미를 비롯해 검은색 꽃처럼 보이는 꽃을 들여다보면 짙은 갈색이나 자주색인 경우가 많아요. 요강나물 꽃 또한 검은색이 아니라 아주 짙은 보라색에 가까워요. 기회가 된다면 초록 학생이 요강나무 꽃의 색을 자세히 한 번 더 확인해 보면 좋겠네요.

메일 제목: 꽃잎 색도 변하나요?
받는 사람: 이자연 박사

박사님! 안녕하세요. 전 초록 언니 동생 연두예요. 초록 언니 조르고 졸라서 박사님 메일 주소를 받았어요. 저도 박사님께 궁금한 게 있어서요. 아빠랑 아침에 단둘이 산책을 나갔다가 나팔꽃을 처음 봤어요. 아직 피기 전이었지만 분홍빛 꽃봉오리가 예뻤다고 초록 언니한테 자랑했죠. 그런데 초록 언니가 엄마랑 저녁 먹고 산책 나갔다 오더니 사진을 보여 주면서 나팔꽃이 파란색이라고 하는 거예요. 이럴 줄 알았으면 저도 사진을 찍어 둘 걸 그랬어요. 무슨 방법이 없을까요?
   p.s. 초록 언니한테는 절대! 비밀!

메일 제목: 산성도에 따라 꽃잎의 색이 달라져요
받는 사람: 박연두

어머나, 연두 학생 반가워요! 저런, 뭔가 억울한 상황인 거 같네요. 혹시 지난번 내가 초록 학생한테 보낸 답변 메일 봤나요? 붉은색 꽃은 안토시안이라는 색소를 갖고 있는 거라고 했거든요.
  그런데 이 안토시안은 세포의 성분에 따라 전혀 다른 색을 띠기도 해요. 세포 성분이 산성일 때는 꽃이 붉은색이지만, 염기성일 때는 푸른색 계열의 꽃을 피우죠. 보라색 나팔꽃이나 제비꽃 등도 놀랍게도 안토시안 색소를 갖고 있답니다.
  산성? 염기성? 조금 어려울 수도 있겠는데, 산성은 어떤 물질을 물에 녹인다고 가정했을 때 물에 녹아 신맛을 내는 물질의 성질을, 염기성은 물에 녹아 쓴맛을 내거나 미끈한 느낌을 내는 물질의 성질이라고 할 수 있어요. 레몬이나 식초, 김치, 탄산음료처럼 주로 신맛을 내는 음식은 산성을 띠는 경우가 많고, 비누나 세제 등은 염기성 물질인 경우가 많아요. 산성과 염기성은 상대적인 개념이에요. 예를 들어 산성도가 크다 하면 산성이 강하고 상대적으로 염기성이 약하다는 거죠.

산성 성질을 띠는 레몬에 붉게 반응해요.

산성과 염기성을 판단하는 리트머스 종이

염기성 성질을 띠는 비누에 푸른색으로 반응해요.

연두 학생과 초록 학생이 똑같은 나팔꽃을 봤는데, 서로 색이 다르다고 하는 건 아마도 나팔꽃 세포의 산성도 때문인 것 같군요. 세포가 상대적으로 산성 성분을 띠어 분홍빛이던 꽃봉오리가 활짝 피면서 꽃잎 세포가 팽창했고, 동시에 꽃잎 세포의 염기성 성분이 강해지면서 안토시안이 반응해 파란색을 띠게 된 거죠.

혹시 초여름에 많이 피는 수국이라는 꽃을 알고 있나요? 수국도 안토시안을 갖고 있는데 땅의 산성도에 따라 색이 달라져요. 땅속 알루미늄 이온의 영향을 받기 때문이죠. 알루미늄 이온이 안토시안과 결합해 푸른색을 띠는데, 이 알루미늄 이온은 산성이 강한 땅에서 흡수될 수 있어요. 즉 산성이 강한 땅에서 자라는 수국은 꽃잎의 안토시안이 땅에서 흡수한 알루미늄 이온과 결합해 푸른색을 띠는 거죠. 반면 염기성이 강한 땅에서는 알루미늄 이온을 흡수할 수 없다 보니, 안토시안이 본래의 붉은색을 내보이는 거랍니다.

안토시안이 엄청난 재주꾼이다 보니, 연두 학생과 초록 학생 사이에 오해까지 만들었네요. 연두 학생! 초록 학생과 오해 풀고, 궁금한 게 있으면 언제든 연락 주세요.

•• 어둠을 극복한 색 ••

한계를 뛰어넘어 색을 보다

—— 색을 보려면 빛이 필요하죠? 그런데 오히려 어두울 때 선명해 보이는 색도 있어요. 밤하늘을 화려하게 수놓는 불꽃, 어둠이 내린 도시를 현란하게 장식하는 네온사인과 형형색색의 도시 야경……. 태양이 사라진 어둠의 시간에 우리는 어떻게 이러한 색을 볼 수 있는 걸까요?

밤하늘에 피어오른 화려한 불꽃

축제의 분위기를 더하는 불꽃놀이. 펑! 펑! 소리와 함께 깜깜한 밤하늘에 피어오르고 사라지는 각양각색의 불꽃을 보고 있노라면 자연스레 빠져들게 되죠.

불꽃놀이나 폭죽놀이의 핵심 재료가 나침반, 종이와 함께 중국의 3대 발명품 가운데 하나로 꼽히는 화약이라는 것은 알고 있을 거예요. 화약이 빛과 열을 내면서 타다 폭발하는 원리를 이용한 거죠. 그렇다면 수많은 불꽃색은 어떻게 만들어 내는 걸까요?

우리가 살고 있는 세계를 이루는 모든 물질은 원소로 이루어져 있어요. 어떤 원소가 있는지 궁금하다면 주기율표를 찾아보세요. 주기율표를 들여다보면, 비슷한 성질을 지닌 원소들끼리 모여 있는 걸 발견할 수 있어요. 예를 들면, 주기율표 왼쪽 아래로 갈수록 원소가 금속성이 강하고, 오른쪽 위로 갈수록 금속성이 약해요. 비금속성이 강해지는 거라고 할 수 있죠. 그런데 금속성을 지닌 원소는 연소할 때 종류에 따라 특유의 색을 나타내요. 이것을 불꽃반응색이라고 하는데, 바로 원소의 불꽃반응색을 가지고 불꽃놀이의 수많은 불꽃색을 만드는 거예요.

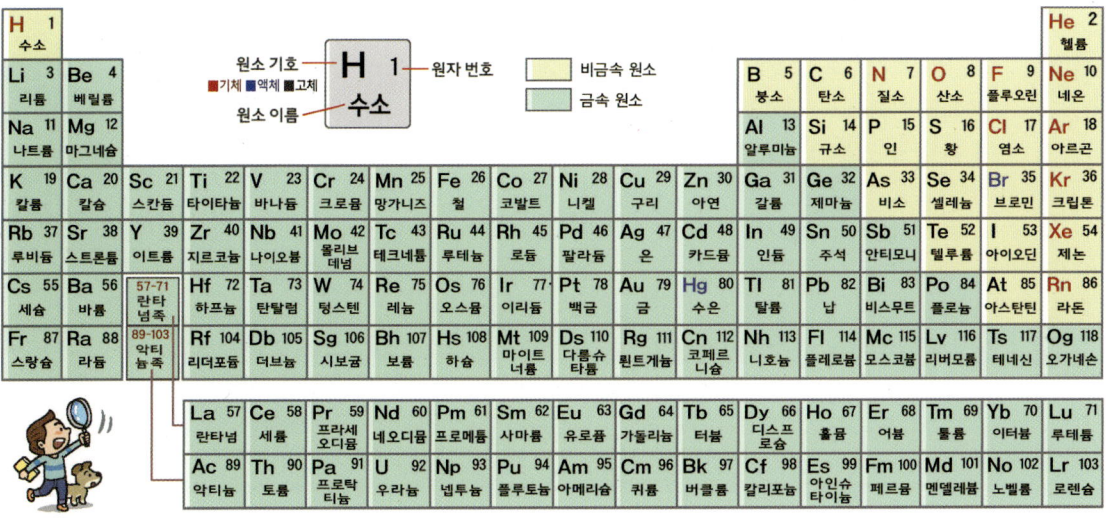

원소의 불꽃반응색 몇 가지를 보면 아래와 같아요. 나트륨(Na) 원소가 포함된 물질이 연소할 때는 불꽃색이 노랗게 나타나요. 소금은 나트륨 원소를 포함하고 있는 대표적인 물질이니, 소금을 태우면 노란색 불꽃이 일어나겠죠? 원소별로 어떤 불꽃반응색을 보이는지 알고 있다면, 불꽃놀이를 볼 때 어떤 원소를 이용했는지 짐작할 수 있을 거예요.

나트륨(Na)　　구리(Cu)　　주석(Sn)　　스트론튬(Sr)　　리튬(Li)

미니 실험실

준비물 : 양초 1개, 성냥, 접시, 물

① 양초에 불을 붙이고, 촛농을 접시 바닥에 떨군 후 양초를 고정시킨다. 단, 촛농이 바닥에 떨어지거나 세울 필요가 없는 종류의 양초일 땐, 쟁반에 설치하지 않고 실험한다.
② 쟁반에 물을 1cm 높이로 붓는다.
③ 불꽃색을 관찰한다.

촛불에서 온도가 가장 높은 부분은 어딜까? 촛불은 심지 부분을 불꽃심, 그 바깥은 속불꽃, 그 바깥은 겉불꽃으로 나눌 수 있다. 온도가 가장 높은 부분은 겉불꽃이다. 연소하는 데 필요한 산소가 촛불 가장자리 부분에 가장 원활하게 공급되기 때문이다. 불꽃의 색 또한 부분별로 다른데, 불꽃심 안쪽은 푸른색으로, 속불꽃은 주황이나 갈색, 겉불꽃은 노란색으로 보인다. 심지 주변에 산소가 가장 적게 도달해 아직 타지 않은 상태로 있어 어둡게 보이는 것이다.

형형색색 빛을 뽐내는 네온사인

이 세계를 이루는 가장 작은 단위인 원소조차도 '색'을 지니고 있다니, 정말 놀랍지 않나요? 게다가 이것을 이용해 캄캄한 밤하늘에 화려한 불꽃 쇼를 펼칠 생각을 하다니! 그런데 아직 놀라기엔 이를지도 모르겠습니다. 원소를 이용해 어둠을 밝히는 발명품은 아주 많거든요. 어둠이 내린 거리를 알록달록하게 밝히는 화려한 네온사인 또한 원소가 내뿜는 빛이랍니다.

'네온사인'이라고 할 때, 네온은 원소 네온(Ne)을 가리켜요. 네온은 상온에서 기체 상태인데, 공기 중에 아주 적은 양만 존재하고 색과 냄새가 거의 없어요. 다만, 네온 가스는 전기와 만나면 주황색 빛을 내죠. 네온사인은 진공 상태인 유리관에 네온 가스를 넣고, 유리관 양쪽 끝에 철이나 구리로 된 전극을 설치한 후 전기를 흘려보내 빛이 나게 하는 원리예요.

네온사인은 1910년 프랑스의 화학자 조르주 클로드에 의해 발명되어 몇 년 만에 전 세계의 대도시에 보급되었다.

최초의 네온사인은 네온 가스를 이용했지만, 이후 사람들은 또 다른 시도를 하죠. 네온사인이 가스와 전기가 반응할 때 빛을 내는 원리를 따른다면, 네온 가스 대신 다른 가스를 넣으면 어떨까 하는 생각을 한 거죠. 그 결과 유리관에 헬륨, 수은, 질소, 아르곤 등 어떤 가스를 넣느냐에 따라 다른 빛을 낸다는 것이 밝혀졌어요. 또 유리관 안쪽에 도료를 발라 더욱더 다채로운 색을 만드는 기술까지 더해졌죠. 네온사인은 전 세계에 빠르게 퍼지면서 야경을 물들였어요.

우리나라에도 1920년 후반부터 네온사인을 사용한 간판이 등장했어요. 1980년대 이르러서는 건물마다 네온사인 간판이 부착될 정도로 많이 사용되었죠. 하지만 도시 경관을 해친다는 목소리가 커지고, 전기를 더 적게 사용하면서 밝은 빛을 내는 조명이 다양하게 등장하자 네온사인 간판은 줄고 있답니다.

간판 활용은 줄어든 반면 실내 장식품이나 예술 작품, 광고 등 다양한 분야에서 네온사인을 사용해 새롭게 주목받고 있습니다. 그런데 네온 가스가 아닌 다른 가스를 넣었어도 네온사인이라고 할까요? 네. 모두 네온사인이라고 부릅니다. 네온사인의 원리 발견은 '네온'으로부터 시작되었으니까요.

▎상업용 간판으로 주로 사용되던 네온사인이 최근엔 실내 장식품이나 예술 재료로도 활용되고 있다.

보이지 않는 빛을 보이는 빛으로, 형광 물질

에디슨이 발명한 전구는 동그란 유리관 안의 필라멘트가 타면서 빛과 열을 만들어 냅니다. 반면 우리 주변에서 가장 흔하게 볼 수 있는 형광등은 네온사인처럼 유리관 안의 가스가 전기와 반응해서 빛을 내요. 텅 빈 것처럼 보이는 형광등은 눈에 보이지 않는 수소 가스와 아르곤 가스로 채워져 있습니다. 형광등 양쪽 끝부분에 전압을 걸면 전류가 흐르면서 수은 원자와 충돌하게 되는데, 이때 자외선을 방출합니다. 아르곤 가스는 이러한 충돌이 좀 더 잘 일어나게 돕는 역할을 하죠.

그런데 자외선과 적외선은 우리 눈에 보이지 않아요. 형광등 안에서 방출된 자외선을 가시광선으로 바꿔 주어야 빛이 나게 되는 겁니다. 이를 위해 형광등 안쪽에는 형광 물질이 발라져 있습니다. '형광'이라는 말이 낯설지는 않죠? 빛 에너지를 받아 새로운 빛을 내는 현상을 '형광', 형광을 일으키는 물질을 '형광 물질', 형광 현상으로 빛을 내는 조명을 '형광등'이라고 합니다.

형광 물질은 우리 생활 곳곳에서 사용하고 있어요. 혹시 새로 산 흰색 셔츠가 유난히 희고 밝아 보인 적 없나요? 두루마리 화장지나 냅킨, 종이컵과 같은 종이 제품이 희다 못해 푸른빛이 도는 것처럼 보인 적은요? 그건 형광증백제라는 하얗게 빛나 보이게 하는 형광 염색제가 들어 있을 확률이 높아요. 형광증백제는 화학 성분이라서 가능한 사용하지 않는 것이 좋습니다. 실제 최근 들어 화학 물질이 인체에 해를 끼치는 사례가 증가하자, 형광증백제를 넣지 않은 '무(無)형광' 표시 제품을 찾는 사람들이 늘어나고 있답니다.

형광 물질은 진짜 지폐와 가짜 지폐를 구분하기 위해 사용되기도 합니다. 지폐는 많은 과학적 비밀을 갖고 있는데요, 그 가운데 하나가 우리 눈에는 안 보이는 그림이 숨겨져 있다는 거예요. 바로 형광 잉크로 인쇄된 부분인데, 평상시 우리 눈에는 보이지 않다가 블랙라이트(blacklight)라는 자외선 등을 비춰야 비로소 드러납니다. 형광 물질이 자외선을 흡수한 후 가시광선으로 바꿔 내놓기 때문이죠.

블랙라이트 조명과 형광 물질을 이용한 공연이나 전시도 찾아볼 수 있어요. 어둠 속에서 드러내고 싶은 신체 부위에 형광 물질을 바르거나 옷이나 소품을 형광 염료로 염색하고 블랙라이트 조명을 무대로 비추는 식입니다. 관객의 눈에는 형광 물질과 자외선이 만나는 부분만 보일 테니 얼굴이 허공에 둥둥 떠 있거나, 발과 손이 몸에서 떨어져 움직이는 등 신기하고도 흥미로운 연출 효과를 낼 수 있는 거죠. 이처럼 빛이 없는 상황에서 오히려 빛나는 빛! 그 빛을 만들어 내려는 연구는 앞으로도 계속될 것으로 보입니다. 어떠한 방법들이 등장할지 기대가 되죠?

범죄의 흔적을 찾아라

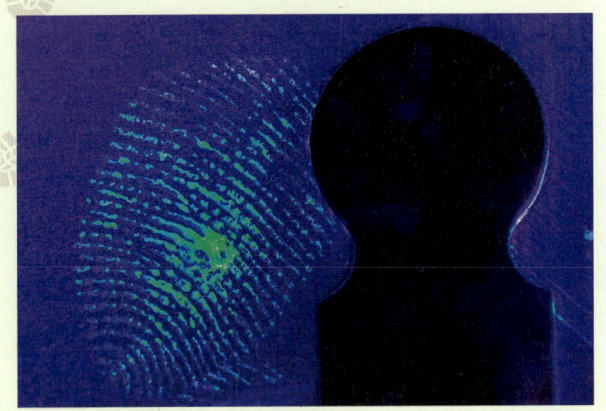

영화나 드라마에 종종 등장하는 살인 사건 현장. 과학수사대 요원은 장비를 펼치고 구석구석 범인의 흔적과 사건의 단서를 찾기 바쁘다. 지문을 남기진 않았을까? 어디로 침입한 걸까? 사건이 벌어진 시간을 말해 주는 증거는 없을까? 등등 머릿속으로 수많은 질문을 던지면서, 현장이 훼손되지 않도록 온갖 신경을 곤두세워 조심스레 움직인다. 무엇보다 핏자국, 즉 혈흔을 찾을 때는 더욱더 주의를 기울인다. 혈흔의 형태, 흩어진 방향, 이동한 흔적 등은 범행이 어떤 식으로 발생했는지, 범행에 어떤 도구가 사용되었는지 등을 추정하는 중요한 단서이자 명백한 증거가 될 수 있기 때문이다.

혈흔 분석을 위해선 루미놀 용액의 도움이 필요하다. 루미놀 용액은 혈액을 구성하는 헤모글로빈 성분을 만나 빛을 낸다. 범인이 제아무리 열심히 핏자국을 지웠다고 하더라도, 헤모글로빈은 아주 적은 양의 루미놀 용액에도 푸른빛을 발산하기 때문에 잘 검출된다.

근래에는 루미놀이 혈액에 어떻게 반응하는지 확인할 수 있는 실험 세트를 판매하기도 한다. 호기심을 참지 못해 실험에 나선다면, 루미놀 용액이 인체에 유해한 성분을 포함하고 있음을 기억하고 장갑과 보호안경 등 안전 장비를 반드시 착용하길 바란다!

| 반딧불은 반딧불이 몸속의 루시페린이라는 단백질이 산소와 반응했을 때 생긴다. 루미놀과 헤모글로빈처럼 서로 다른 물질이 반응해 빛을 내는 것이다.

또 궁금해요

Q _ 색각이상은 치료할 수 있을까?

A _ 의학 기술이 많이 발전했지만 안타깝게도 색각이상을 고칠 수 있는 완전한 치료법은 아직 없다. 다만 특수하게 개발된 보정 안경을 쓰면 색각이상자도 어느 정도 색을 볼 수 있다. 하지만 가격이 매우 비싸고 전체적으로 어둡게 보인다는 한계도 있다. 최근 과학자들이 색각이상 다람쥐원숭이를 대상으로 실험한 유전자 치료에 성공했다고 하니, 곧 실용적인 치료법이 개발되지 않을까?

Q _ 하얀 무지개는 왜 생길까?

A _ 무지개는 햇빛이 하늘에 떠 있는 물방울을 통과할 때 여러 색깔로 휘어지면서 생긴다. 흔하지 않지만 빛이 물방울보다 작은 알갱이를 만나게 되면 빛이 반사하는 정도가 매우 작아 색이 겹쳐 보여 하얗게 보인다. 하얀 무지개는 주로 안개 낀 날에 볼 수 있어 안개 무지개라고도 불리며, 달이 떴을 때도 종종 나타나 달무지개라고도 불린다.

Q _ 빨간색이 아닌 피도 있을까?

A _ 사람의 피가 빨간색을 띠는 이유는 적혈구 속에 있는 헤모글로빈이라는 혈색소 때문이다. 소, 돼지, 개 등 포유동물의 피가 빨간색을 띠는 이유도 마찬가지다. 하지만 문어나 오징어와 같은 연체동물은 헤모글로빈이 아닌 헤모시아닌이라는 혈색소를 갖는데 이것 때문에 피가 청록색으로 보인다. 곤충의 경우 혈색소의 종류에 따라 노란색, 초록색, 투명한 색 등 다양한 피색을 보인다.

Q _ 왜 달걀색이 다를까?

A _ 달걀색은 어떻게 결정되는 걸까? 달걀 껍데기의 색은 닭의 품종에 따라 달라진다. 대체로 털색과 비슷한 색의 달걀을 낳는데 미국에 많은 하얀색 품종의 닭인 레그혼은 하얀 달걀을 낳고, 한국 농가에서 많이 볼 수 있는 뉴햄프셔라는 품종은 갈색 달걀을 낳는다. 하지만 달걀색이 다르다고 해서 품질이 다른 것은 아니다. 색만 다를 뿐 영양가나 맛은 거의 비슷하다.

Q _ 왜 우리 민족을 백의민족이라고 불렀을까?

A _ 우리나라 민족은 예로부터 흰옷을 즐겨 입었다. 하얀색은 빛과 태양을 나타낸다고 여기다 보니, 흰옷을 입어 태양을 신성시하던 사상을 표현하기도 했다. 19세기에 조선을 방문한 많은 외국인들이 모든 사람들이 흰옷을 입고 있다는 사실에 큰 인상을 받고 기록으로 남기기도 했다. 또한 일제강점기에는 일제가 흰옷을 입지 못하게 하자 흰옷은 항일운동의 상징이 되기도 했다.

Q _ 팔색조는 정말 있는 새일까?

A _ 다양한 재능이나 매력을 가진 사람을 보고 '팔색조'라고 부른다. 팔색조는 15cm 남짓한 작은 크기의 새로 다양한 색의 깃털을 가진 아름다운 산새다. 여름 철새로 동남아시아 말레이 반도에 살다가 여름에 제주도와 남해안의 숲에서 번식한다. 초록색 등과 날개, 남색 어깨, 검정 꽁지, 하얀 몸통, 진홍색 아랫배……. 이름 그대로 화려한 색을 가진 팔색조는 현재 멸종 위기 야생동물로 지정되어 보호받고 있다.

Q _ 등대 색에 담긴 의미는?

A _ 등대는 밤에 불을 켜서 배에게 길을 알려 주는 역할을 한다. 하지만 밤에 보이는 등대의 불빛뿐만 아니라 낮에 보이는 등대 자체의 색으로도 전하는 의미가 있다. 하얀 등대는 항로 왼쪽에 장애물이 있으니 오른쪽에 배를 대라는 표시이다. 반대로 빨간색 등대는 항로 오른쪽에 장애물이 있으니 왼쪽에 배를 정박하라는 뜻이다.

Q _ 백호는 왜 털이 하얀색일까?

A _ 백호는 하얀 털을 가진 호랑이로 동양에서는 예로부터 신비한 동물로 여겼다. 보통의 호랑이는 황갈색 바탕에 검은 줄무늬가 있지만 백호는 하얀 바탕에 검은 줄무늬를 띤다. 이것은 하얀 털색을 나타내는 유전자 때문이다. 실제로 백호는 태어날 확률이 낮고 야생에서 눈에 잘 띄기 때문에 사냥에 불리하며 유전병으로 사망률이 높다고 한다.

Q _ 먹구름은 왜 회색일까?

A _ 구름은 작은 물방울들로 이루어져 있다. 구름 속 물방울의 크기가 작을 때는 빛이 골고루 반사되어 구름이 하얀색으로 보인다. 하지만 먹구름의 경우 물방울이 점점 커지고 구름의 두께가 두꺼워지며 흡수하는 빛의 양이 많아지면서 어둡게 보인다. 따라서 먹구름이 보이기 시작하면 구름 속 물방울들이 무거워졌다는 뜻이고, 곧 비가 내린다는 신호가 된다.

Q _ 천연색소의 재료는 무엇일까?

A _ 천연색소는 동물이나 식물에게서 뽑아낸 색소를 말한다. 대표적으로 보라색을 내는 적양배추색소, 갈색을 내는 캐러멜색소, 검은색을 내는 오징어먹물색소, 노란색을 내는 치자황색소, 빨간색을 내는 코치닐추출색소 등이 있으며 과자, 아이스크림, 음료 등에 다양하게 이용된다. 최근 많은 사람들이 인공색소보다 천연색소를 선호한다고는 하지만, 뭐니 뭐니 해도 싱싱한 컬러푸드를 섭취하는 것이 건강에 가장 좋다는 사실!

적양배추에서 뽑은 보랏빛 천연색소지요.

Q _ 적조와 녹조는 왜 생길까?

A _ 물속 영양 상태가 좋아지거나 물의 흐름이 느려지면 물고기의 먹이가 되는 플랑크톤의 수가 빠른 속도로 늘어난다. 플랑크톤의 수가 증가하면 물속 산소가 줄어들어 물고기들이 숨을 쉬지 못하게 되고 심하면 떼죽음을 당해 생태계가 파괴되기도 한다. 수면을 뒤덮은 플랑크톤의 색깔에 따라 물색이 붉은빛(적조), 초록빛(녹조)을 띠는데 주로 적조는 바다에서, 녹조는 하천에서 발생한다. 최근에 일어나는 녹조와 적조는 대부분 토양오염, 지구온난화 때문에 발생한다.

Q _ 형광과 야광은 어떻게 다를까?

A _ 형광은 물질이 빛에 의해서 빛을 내는 현상을 말한다. 야광과 형광은 빛을 내는 원리는 비슷하나 빛을 제거해도 계속 빛을 내는 것을 야광, 빛을 제거하면 물질이 내뿜던 빛도 사라지는 것을 형광으로 구분하기도 한다. 야광은 인광이라고도 불리며 휴대 전등, 야광 팔찌, 야광봉, 야광 스티커 등에 널리 이용된다.

교과서를 연결하는 지식

❷ 빛을 모르면 색을 알 수 없어!
- **과학** 3-1 과학자는 어떻게 탐구할까요?
- **과학** 6-1 과학자처럼 탐구해 볼까요?
- **과학** 6-1 여러 가지 기체
- **과학** 6-1 빛과 렌즈
- **과학** 6-2 계절의 변화
- **미술** 5~6 미술과의 첫 만남

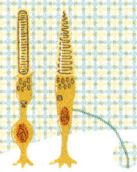

❶ 어떻게 색을 볼 수 있는 걸까?
- **과학** 5-2 우리 몸의 구조와 기능
- **과학** 6-1 빛과 렌즈

❸ 시시각각 변하는 색을 화폭에 담자
- **국어** 5-2 견문과 감상을 나타내어요
- **미술** 3~4 초록에 물들이며
- **미술** 5~6 미술과의 첫 만남
- **미술** 5~6 표현과 창작의 세계
- **미술** 5~6 문화와 생활 미술

❹ 색은 어떻게 만들어질까?
- **미술** 3~4 초록에 물들이며
- **미술** 5~6 미술과의 첫 만남
- **미술** 5~6 표현과 창작의 세계

❺ 빨강이 하는 말
- **사회** 6-2 세계 여러 지역의 자연과 문화
- **미술** 3~4 초록에 물들이며

❼ 색깔 있는 말! 말! 말!
- **국어** 4-1 사전은 내 친구
- **국어** 6-1 비유하는 표현
- **국어** 6-1 속담을 활용해요

❻ 색색깔깔 몬스터 학교
- **사회** 6-2 세계 여러 지역의 자연과 문화
- **미술** 3~4 초록에 물들이며

⓬ 카멜레온의 이유 있는 '색' 이야기
과학 3–2 동물의 생활
미술 3~4 초록에 물들이며
안전한 생활 1 우리 모두 교통안전

⓭ 박사님! 초록색 은행잎이 왜 노랗게 물들죠?
과학 4–2 식물의 생활
과학 5–2 산과 염기
과학 6–1 식물의 구조와 기능
미술 3~4 초록에 물들이며

⓫ 색을 다루는 전문가
미술 3~4 초록에 물들이며
실과 6 나의 진로

⓮ 한계를 뛰어넘어 색을 보다
과학 6–2 전기의 작용
과학 6–2 연소와 소화
실과 6 생활과 전기 전자

⓾ 냠냠, 색을 먹어요!
실과 5 나의 균형 잡힌 식생활
실과 6 건강한 식생활의 실천
체육 3~4 건강–몸 튼튼, 건강한 생활습관

❾ 세상을 물들이는 발명품
미술 3~4 초록에 물들이며
미술 5~6 표현과 창작의 세계
실과 5 생활과 기술

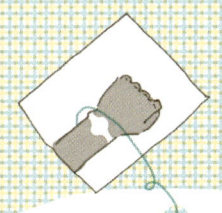

❽ 특명, 피부색을 찾아라!
사회 6–2 세계 여러 지역의 자연과 문화
도덕 4 함께 꿈꾸는 무지개
도덕 5 인권을 존중하며 함께 사는 우리
도덕 6 함께 살아가는 지구촌

참고문헌 및 자료

강선화 지음, 『각도로 밝혀라 빛!』, 자음과모음, 2013년
게빈 에번스 지음, 강미경 옮김, 『컬러 인문학』, 김영사, 2018년
과학동아 편집실 지음, 『북극곰이 흰색인 이유』, 성우, 2003년
권오길 지음, 『손에 잡히는 과학 교과서 6−식물』, 길벗스쿨, 2007년
기욤 뒤프라 지음, 정미애 옮김, 『동물은 어떻게 세상을 볼까요?』, 길벗어린이, 2014년
김경미 외 지음, 『Color Study 4 (색채 연구 4)』, 문지사(MJ 미디어), 2004년
김미경 지음, 『동물의 속임수』, 한국노벨, 2005년
김영숙 지음, 『오르세 미술관에서 꼭 봐야 할 그림 100』, 휴먼아트, 2013년
남궁산 지음, 『문명을 담은 팔레트』, 창비, 2017년
노무라 준이치 지음, 김미지자 옮김, 『색의 비밀』, 국제, 2005년

니콜라스 해리스 지음, 유윤한 옮김, 『우주의 비밀을 밝혀라!』, 베틀북, 2008년
다나카 하지메 지음, 이규원 옮김, 『꽃과 곤충−서로 속고 속이는 게임』, 지오북, 2007년
박주연 지음, 『호랑이 줄무늬 왜 있을까?』, 웅진주니어, 2010년
박현철 지음, 『빛과 색채와 인상을 담아낸 인상주의 갤러리』, 그린북, 2016년
박흥식 지음, 『재미있는 바다 이야기』, 가나출판사, 2014년
백낙선 지음, 『마음으로 읽는 색채심리』, 미진사, 2013년
벤 아이켄슨 지음, 전광수 옮김, 『패턴츠』, 미래사, 2005년
변종철 지음, 『빛과 색』, 살림, 2005년
빅토리아 핀레이 지음, 이지선 옮김, 『컬러 여행』, 아트북스, 2005년
신수현 지음, 『원더풀 사이언스 5: 색』, 지실채널, 2009년

안느 바리숑 지음, 『THE COLOR 세계를 물들인 색』, 이종문화사, 2012년
오영석 지음, 『Who? 빈센트 반 고흐』, 다산어린이, 2013년
원광연 지음, 『그림이 있는 인문학』, 알에이치코리아, 2015년
이상구 지음, 『빛과 색 이야기 33가지』, 을파소, 2009년
이은희 지음, 『하리하라의 눈 이야기』, 한겨레출판, 2016년
임어진 지음, 『오방색이 뭐예요?』, 토토북, 2014년

장피에르 베르데 지음, 장석훈 옮김, 『색의 비밀』, 비룡소, 2007년
전국사회교사모임 지음, 『사회 선생님도 궁금한 101가지 사회질문사전』, 북멘토, 2011년
정민경 지음, 빛 −선생님도 놀란 초등 과학 뒤집기 05, 성우주니어, 2008년
정성욱 지음, 『빛과 놀아요−똑똑 융합과학씨1』, 스콜라, 2013년
정완상 지음, 『칼 세이건이 들려주는 태양계 이야기』, 자음과 모음, 2010년

조영규 지음, 『모네와 지베르니아이츠 제1권』, 아트월드, 2013년
최미소 지음, 『이런저런 옷』, 상상의집, 2017년
최원석 지음, 『과학교사 최원석의 과학은 놀이다 : 문화와 역사를 가로지르는 놀이 속 과학의 발견』, 궁리출판, 2014년
최재천 · 서수연 지음, 『자연의 색이 품은 비밀』, 리젬, 2012년
클리브 기포드 지음, 이강희 옮김, 『색깔의 역사』, 노란돼지, 2018년
편집부 저, 뉴턴 하이라이트 빛과 색의 사이언스, (주)아이뉴턴 , 2017년
플로리안 하이네 지음, 장혜경 옮김, 『미술의 역사를 바꾼 위대한 발명 13』, 터치아트, 2014년
한문정 외 지음, 『과학 선생님 프랑스 가다』, 푸른숲, 2007년
홍성욱 지음, 뉴턴과 아인슈타인 우리가 몰랐던 천재들의 창조성

권예슬, "필리핀 '엘니도' 바다색이 에메랄드빛인 이유", 동아사이언스, 2016년 08월 28일
김규리, "색(色)에 빠진 지 25년, 아직도 색의 세계는 무궁무진", 매일경제, 2018년 6월 11일
김성호, "자연의 숨은 그림 찾기", 경향신문, 2017년 7월 3일
김정훈, "모양과 색을 내 맘대로~ 식물 디자인!", KISTI의 과학향기, 2007년 4월 2일
김태호, "[구석구석 과학사](20) 고운 빛은 어디에서 왔을까", 주간경향, 2017년 12월 5일
박혜림, "단풍에 대한 궁금증 4가지", 동아사이언스, 2016년 11월 13일
서한기, "어린이화장품 기준 강화한다…발암논란 '타르색소' 금지", 연합뉴스, 2018년 2월 5일
송혜영, "불꽃놀이의 원리", 전자신문, 2016년 10월 9일
신석교, "머리카락도 패션시대", 과학동아, 1997년 9월호
우아영, "동물이 보는 세상, 들쥐 소변이 형광색으로 빛나네?", 과학동아, 2013년 9월호
이가희, "클로드 오스카 모네, 살아있는 빛을 그린 화가", 데일리투모로우, 2018년 4월 19일
이슬기, "카멜레온의 비밀이 밝혀지다", 사이언스타임즈, 2015년 3월 17일

이영완, "카멜레온 변신의 비밀은 피부 세포", 조선일보, 2015년 3월 16일
이팔홍, "[과학 칼럼] 가을 산의 화려한 변신, 단풍", 경남신문, 2013년 10월 23일
최낙언, "스스로 구조를 바꿔 변색하는 카멜레온", KISTI의 과학향기, 2016년 6월 1일
한은주, "[신나는 과학이야기] 형광등 왜 백색일까?", 서울신문, 2007년 3월 23일

국립중앙박물관(www.museum.go.kr)
도로교통공단(www.koroad.or.kr)
식품의약품안전처(www.mfds.go.kr)
한국방송광고진흥공사(www.kobaco.co.kr)

사진 출처 및 그림

17쪽 위키미디어 | 18~19쪽 셔터스톡 | 26쪽 셔터스톡 | 29쪽 셔터스톡 | 30~35쪽 위키미디어 | 40쪽 셔터스톡 | 46쪽, 셔터스톡 | 47쪽, 셔터스톡 | 48~49쪽 셔터스톡, 49쪽 오른쪽 가운데 대한적십자 | 50~51쪽 셔터스톡, 50쪽 왼쪽 아래 위키미디어 | 53쪽 국립중앙박물관(전 채용신) | 55쪽 위키미디어 | 57쪽 위키미디어 | 59쪽 위키미디어(George Hayter) | 61쪽 위키미디어(William Bambridge) | 62쪽 위키미디어 | 68쪽 셔터스톡 | 71쪽 위키미디어(Gregory Foster) | 75쪽 위키미디어 | 76쪽 위키미디어(Russell Lee) | 77쪽 셔터스톡 | 79쪽 한국방송광고진흥공사 | 82쪽 The British Museum | 84~85쪽 Winsor&Newton, 84쪽 왼쪽 위 Natural Pigments, 85쪽 오른쪽 아래 위키미디어 | 86쪽 위키미디어(José Antonio de Alzate y Ramírez) | 87쪽 tumblr | 88쪽 셔터스톡 | 89쪽 Hair momentum | 92쪽 셔터스톡 | 96쪽 셔터스톡 | 97쪽 셔터스톡 | 99쪽 셔터스톡 | 104쪽 Coca-Cola | 106쪽 parker | 108쪽 셔터스톡 | 112~113쪽 셔터스톡 | 115쪽 셔터스톡 | 116~117쪽 셔터스톡 | 118쪽 셔터스톡 | 119쪽 위 셔터스톡, 아래 도로교통공단 | 120쪽 위 셔터스톡/도로교통공단, 아래 셔터스톡 | 121쪽 셔터스톡 | 123쪽 셔터스톡 | 127쪽 셔터스톡 | 128~129쪽 셔터스톡 | 130쪽 셔터스톡 | 132쪽 셔터스톡 | 133쪽 위키미디어, 왼쪽(Nick Ares) | 134쪽 셔터스톡 | 136쪽 공연기획사 더플레이 | 137쪽 셔터스톡

*생각하는아이지는 이 책에 실은 자료의 출처를 밝히고, 도판의 저작권자를 찾아 허락을 받았습니다. 그럼에도 저작권자가 확인되지 않았거나 허락을 받지 못한 부분이 있다면 사용 허가를 받고 통상의 사용료를 지불하겠습니다.

박진주 | 표지, '색은 어떻게 만들어질까?', '색색깔깔 몬스터 학교' 그림

홍익대학교에서 시각 디자인을 공부하고, 그래픽 디자이너로 일했습니다. 현재는 프리랜서 일러스트레이터로 활동하며 그림을 그리고 글씨를 쓰고 있습니다. 그린 책으로 『이게 다 이동이라고?』, 『어쩌지? 플라스틱은 돌고 돌아서 돌아온대!』, 『수다로 푸는 유쾌한 사회』, 『엄마 공부』 등이 있습니다.

신종우 | '어떻게 색을 볼 수 있는 걸까?', '색을 다루는 전문가' 그림

산업디자인을 공부하고 누군가에게 행복을 주는 그림을 그리기 위해 일러스트레이터로 활동하고 있습니다. 그린 책으로 『화산이 들썩들썩! 백두산이 폭발한다』, 『도시가 깜빡깜빡! 대정전이 일어난다면?』, 『호호샘과 뛰노는 문화재 놀이터』, 『옥수수 왕 납시오!』 등이 있습니다.

안지혜 | '빛을 모르면 색을 알 수 없어!', '색깔 있는 말! 말! 말!' 그림

디자인을 공부하고 일러스트레이터로 활동하고 있습니다. 그림 안에 재미있고 즐거운 이야기를 담아내려고 노력하고 있습니다. 숲은 초록이라고 이야기하지만 그 안에 수많은 색이 있듯, 숨어 있는 것을 찾아 함께 이야기하고 웃을 수 있는 그림을 그리려고 합니다. 그린 책으로 『이야기 보따리 한국사』, 『뉴스를 발칵 뒤집은 어린이 로스쿨』 등이 있습니다.

이혁 | '박사님! 초록색 은행잎이 왜 노랗게 물들죠?', '한계를 뛰어넘어 색을 보다', '또 궁금해요' 그림

오래전 만화 영화 그림을 그리다 현재는 어린이 책에 그림을 그립니다. 그린 책으로 『우리 역사 그림 연표』, 『그림 한국사 백과』, 『그림 성경 100대 사건』, 『아하! 그땐 이런 과학기술이 있었군요』, 『이게 다 이동이라고?』 등이 있고, 쓰고 그린 책으로 『아하! 그땐 이렇게 살았군요』가 있습니다.

호기심고양이 | '특명, 피부색을 찾아라!', '세상을 물들이는 발명품', '냠냠, 색을 먹어요!' 그림

광고를 공부하고 디자이너로 활동하며, 가끔 그림을 그립니다. 하나의 문화가 되어 가는 유행이나 생활 속 풍경 등이 이미지로 만들어지는 과정을 즐깁니다. 끝없는 호기심을 가지고 즐거운 이야기를 그리려 노력합니다. 그린 책으로 『행복하지 않은 날들이 주는 선물』, 『내 인생의 힘이 되는 말 한마디』, 『동물에게 배우는 생존의 지혜』, 『마음 정리술』, 『팀장님, 나를 방해하지 말아줘』 등이 있습니다.